Karsten Demant

Montesquieu und seine Staatstheorie im Geist der Gesetze
Exzerpt

Montesquieu

und seine Staatstheorie

im

Geist der Gesetze

Exzerpt

Karsten Demant

Bibliografische Information der Deutschen Nationalbibliothek:
Die Deutsche Nationalbibliothek verzeichnet diese Publikation in
der Deutschen Nationalbibliografie; detaillierte bibliografische
Daten sind im Internet über dnb.dnb.de abrufbar.

© 2021 Karsten Demant

Herstellung und Verlag: BoD – Books on Demand, Norderstedt

ISBN: 9783753457529

Inhaltsverzeichnis

1. Bibliografische Quellen des Exzerpts

Der Geist der Gesetze von Montesquieu mit Anmerkungen von Voltaire, Mably, La Harpe u. A. übersetzt von A. Fortmann, Druck und Verlag von Breitkopf und Härtel, Leipzig 1891

Hinweis:

Die in Klammern gesetzte Seitenangabe entspricht die der Originalliteratur.

Literaturquelle für Grundwissen „Gewaltenteilung"

Christoph Degenhart, Staatsrecht I, Staatsorganisationsrecht, 23., neu bearbeitete Auflage, C.F. Müller Verlag Heidelberg 2007

2. Vorwort

In meiner Studienzeit ärgerte ich mich immer wieder, dass bei der anfallenden Fülle an Fachliteratur, die man zu bewältigen hatte, äußerst viel Zeit investiert werden musste. Es war an dieser Stelle eine Auswertung notwendig, die in einer engen Form das Wichtigste präsentieren konnte. Hierin liegt der Sinn meiner Exzerpte. Es wird der Versuch unternommen, Kernaussagen der betreffenden Literatur in komprimierter Form darzulegen, ohne schmückendes Beiwerk und weitgefassten Lehrsätzen. Man bekommt einen schnellen Überblick über das Wesentliche der behandelnden Fachliteratur. Es soll ein hilfreicher Begleiter beim Studium sein, um gewisse Kernpunkte flinker aufzufinden und das der sogenannte „roten Faden" nicht verloren geht. Es ersetzt zwar nicht den weiteren Umfang des Lernens, aber es hilft, die zur Verfügung stehende Zeit intensiver und schneller zur Kenntnisgewinnung nutzen zu können. Aus diesem Grund habe ich auf einige Kapitel verzichtet, da es sich meist um weitläufige Darstellungen in der Art einer historischen Erzählung handelt. Eine weiträumigere Ergänzung des Stoffes überlasse ich daher dem interessierten Leser. Ein weiterer Gedanke war, die herausgearbeiteten Aussagen von Montesquieu in ihrer Bedeutung zu den heutigen gesellschaftlichen und politischen Verhältnissen zu sehen. Ein abschließendes Urteil überlasse ich dem Leser. Ich wünsche viel Spaß dabei.

3. Einleitung

Charles-Louis de Sécondat, Baron de la Bréde et de Montesquieu, geboren am 18.01.1869 auf Schloss La Bréde bei Bordeaux, gestorben am 10.02.1755 in Paris, war ein französischer Staatstheoretiker, Rechts- und Gesellschaftsphilosoph der Aufklärung. Sein Leitgedanke war die politische Freiheit, dass heißt, der Mensch kann alles im Rahmen der Gesetze tun und niemand darf ohne einen Rechtstitel zu irgendetwas gezwungen werden. Auf der Suche nach einem idealen Staatssystem untersuchte er die Gesetzmäßigkeiten, die sich zwangsläufig im gesellschaftlichen Leben der Menschen ergeben. In seinen Arbeiten ist daher ein rationaler und gesellschaftskritischer Grundsatz zu erkennen. Er verkörpert ein anderes Denkmodell, wo nicht mehr der göttliche Wille das Primat darstellt, sondern die Vernunft die Basis jedes menschlichen Handelns ist. In seinem Werk „Der Geist der Gesetze", welches 1748 in Genf erschienen ist, war er stets bestrebt nachzuweisen, dass die große Vielfalt der Sitten, die verschiedenen Gebräuche in den einzelnen Ländern und ihre daraus entspringenden juristischen Normen nicht auf irgendwelche Launen oder Vorurteile zurückzuführen sind. Es sind vielmehr Erscheinungen, die ein kausales Verhältnis von Ursache und Wirkung aufweisen. Der Staatsaufbau in einem Land muss demnach dessen Bestimmungen der Religion und den historisch gewachsenen Sitten und Bräuche der Bevölkerung entsprechen. Die äußerlichen Umstände formen hiernach den Geist der Gesetze in den einzelnen Staaten. Für Montesquieu war entscheidend, dass die Dinge aus der Natur der Sache abgeleitet werden, welches für ihn nur die allgemeine Vernunft sein konnte. Die Menschen müssen bestimmte Tätigkeiten nachgehen, aus

denen sich notwendige allgemeine gesetzmäßige Beziehungen ergeben. Aus diesen Verbindungen folgert er, dass Rechtsbeziehungen nicht aus sich selbst erklärt werden können und demzufolge juristische Gesetze nicht die Grundlage einer Gesellschaft bilden. Aus diesen Gesichtspunkten heraus entwickelt Montesquieu seine Staats- und Gesellschaftstheorie, wo er einem staatlichen Grundgefüge ein festes Grundgerüst gibt. Zu diesem Zweck vergleicht er die drei Staatsformen der Republik, der Monarchie und der Despotie miteinander. Seine dargestellte Teilung der drei staatlichen Gewalten, der Legislative, der Exekutive und der Judikative nimmt nur einen kleinen Teil in seinem Werk in Anspruch. Es wird im elften Buch sechstes Kapitel zu finden sein. Die drei staatlichen Gewalten bilden die Voraussetzung zur Einschränkung von Machtmissbrauch. Die heutige, von den gesellschaftlichen Umständen geprägte Literatur erklärt völlig zu Unrecht aus diesem kleinen beschriebenen Teil seiner Gewaltentrennung, als Kern seines staatswissenschaftlichen Denkens. Sein Prinzip der Gewaltenteilung wird zwar heute gelehrt, doch ist sie politisch und praktisch anders wirksam, als es bei Montesquieu zu verstehen ist. Das verneint nicht, dass das staatliche Grundgesetz sich zu einer bewusst gestalteten menschlichen Ordnung entwickelt hat. Mit ihr sind öffentliche Institutionen entstanden, wo man über das Maß ihrer Wirksamkeit nachdenken muss.
Dieses Exzerpt „Der Geist der Gesetze" soll dem Leser anregen, darüber nachzudenken, was notwendige gesellschaftliche Gesetze sind und ob die heutige Gewaltenteilung in der Bundesrepublik Deutschland auch wirklich das darstellt, was gelehrt wird. Oder ist sie nur ein Mittel zum Zweck. Es sind Fragen, die durch bestimmte Ereignisse in unserer heutigen Gesellschaft immer mehr an Bedeutung gewinnen. Die Gewaltenteilungslehre von

Montesquieu gibt einem staatlichen Grundgefüge ein festes Fundament. Die darin formulierten drei Gewalten sind ein mögliches Instrument, um ausufernde Machtansprüche und Machtausübungen von denjenigen, welche die Macht an sich gerissen haben, einen Einhalt zu gebieten. Es wird das Verhältnis von Bürger und Staat dargestellt und in wieweit der Staat in seinem Handeln wirksam werden darf. Die Bundesrepublik Deutschland versteht sich als einen Rechtsstaat, wo dessen Macht rechtlich umfassend an das Gesetz gebunden ist. Das gibt dem Bürger die Möglichkeit einer gewissen individuellen Freiheit, da der Staat sich in vielen zurückhalten muss. Ein besonderer Ausdruck von Rechtsstaatlichkeit ist die Verankerung von Grundrechten im Grundgesetz der Bundesrepublik Deutschland. Durch eine Trennung zwischen Bürger und Staat und einer Rechtsgebundenheit des Staates, soll die staatliche Macht begrenzt werden. Maßnahmen, die der Staat erlässt, werden sachlich bestimmt und die Art und Weise ihres Vorgehens geregelt. Dies geschieht, da Verwaltungen rechtsgebunden sind und so der Bürger gegen ein Vorgehen einer öffentlichen Gewalt gerichtlich geschützt ist. Die Staatsgewalt wird durch drei Organe ausgeübt. Die gesetzgebende Gewalt (Legislative), die vollziehende Gewalt (Exekutive) und die rechtsprechende Gewalt (Judikative). Diese drei Gewalten stellen das Organisationsprinzip unseres freiheitlich denkenden Rechtsstaates dar, welcher historisch betrachtet, erst am Anfang seiner Entwicklung ist. Der Grundsatz der Gewaltenteilung ist im Grundgesetz festgelegt, woraus sich wiederum Probleme der Abgrenzung ihrer Funktionen zwischen den einzelnen Gewalten ergeben. Dieses Organisationsprinzip teilt die bestehende Staatsgewalt in unterschiedliche Staatsfunktionen auf, um eine wechselseitige Kontrolle einerseits und andererseits eine

Begrenzung der staatlichen Machtausübung zu erreichen. Machtausübung soll damit berechenbarer, kontrollierbarer und verantwortlicher sein. Eine sachbezogene Machtausübung also. Es darf aber heute nicht so gedeutet werden, dass diese drei Gewalten strikt voneinander getrennt aufzufassen sind. Auf organisatorischen, personellen und funktionalen Gebiet besteht eine zahlreiche Gewaltenverschränkung mit der Maßgabe, dass keine der einzelnen Gewalten ein Übergewicht über die anderen Teilgewalten erhält. Der Kernbereich der einzelnen Gewalten soll damit unantastbar sein.

Die einzelnen Gewalten sind folgendermaßen in ihrer Funktion und Bezeichnung bestimmt. Die „erste Gewalt" ist die Legislative. Sie verkörpert die gesetzgebende Gewalt, welche vom Parlament ausgeht. Das Parlament legt die Normen eines Gesetzes fest und stellt Gesetze auf, nach denen der Staat funktionieren soll und für alle rechtsbindend ist. Alle politischen Entscheidungen der Legislative, die durch Beratung und Verabschiedung von Gesetzen entstehen, finden darin ihren Ausdruck. Das Parlament ist auf Bundesebene der Bundestag (die Vertretung des Volkes beim Bund) und der Bundesrat (die Vertretung der Länder beim Bund). Auf Landesebene kommt diese Aufgabe dem Landesparlament zu. Die „zweite Gewalt" ist die Exekutive, die die ausführende Gewalt verkörpert. Diese obliegt der Regierung und der Verwaltung. Ihre typische Aufgabe ist es, im Rahmen der bestehenden Gesetze diese zu vollziehen. Diese Teilgewalt macht demzufolge die Politik und führt die Gesetze aus. Sie besitzt eine gesetzgebende Befugnis, die es ihr erlauben, Rechtsverordnungen zu erlassen. Auf Bundesebene ist es die Bundesregierung, die sich aus dem Bundeskanzler und seinen Bundesministern zusammensetzt, sowie die Bundesverwaltung mit seinem Bundeskriminalamt und dem

Bundesamt für Verfassungsschutz. Auf Landesebene sind es die Landesregierungen mit den einzelnen Ministerpräsidenten und seinen Landesministern sowie die Verwaltungen der Länder mit dem Landeskriminalamt und den Landesverfassungsschutzbehörden. Die „dritte Gewalt" ist die Judikative, welches die rechtsprechende Gewalt darstellt. Von ihrer Funktionsweise und ihrer Organisation ist diese Teilgewalt ganz klar definiert, die den Richtern anvertraut ist und von den Gerichten ausgeübt wird. Der Richter ist vollkommen sachlich, wie persönlich unabhängig. Es ist eine Teilgewalt, die darüber wacht, ob die Gesetze auch eingehalten werden. Den Gerichtshöfen des Bundes und den Gerichtshöfen des Landes kommt diese Aufgabe zu. Zusammenfassend kann festgestellt werden, dass nicht eine der drei Gewalten die Oberhand über eine andere gewinnen darf oder sie sogar beherrscht. Die drei verschiedenen Machtträger müssen garantiert sein.

Soweit zur Theorie und ihrer Darstellung der Gewaltenteilungslehre in der Bundesrepublik Deutschland. Wie sieht aber die Theorie der Gewaltenteilung in der praktischen Anwendung in der Bundesrepublik Deutschland aus? In der heutigen bestehenden Politik grenzt man die Gewaltenteilung ein, indem man sie schon einmal nur als Gewaltenverschränkung sieht. Es ist daher notwendig, es einer kritischen Betrachtung zu unterziehen, da sie einige notwendige Gegenstände beinhaltet, welche ihr eine bestimmte Wirkung geben. Die Dinge, die Prozesse und die Erscheinungen, die uns umgeben, sind notwendige allgemeine und wesentliche Zusammenhänge unserer Materie, deren auch die Gewaltenteilungslehre unterworfen ist. Sie ist Teil derselben Volkswirtschaft und denselben Gesetzen, in der die Menschen hier leben. Der Zweck der Gewaltenteilungslehre ist es, die Freiheit der Bürger zu garantieren und Machtmissbrauch vorzubeugen. Dieses Bestreben ist aber wiederum abhängig von den jeweiligen herrschenden gesellschaftlichen Verhältnissen und ihrer innewohnenden Politik der Machtträger. Betrachtet man die Politik und deren Entscheidungen unserer Politiker, kommt man ohne Zweifel zu dem Schluss, dass diese getroffen werden durch Zwang oder in Form durch äußere Notwendigkeiten, die durch eine Reihe von scheinbaren Zufälligkeiten auftreten. Die Gesetze setzen sich in ihrer Entwicklung in unbewusster Weise fort. Sie werden demzufolge nicht durch ein gesellschaftliches Tun der Menschen beherrscht, sondern werden durch ein äußeres, fremdes beherrscht, eine sogenannte Spontaneität. Die Gewaltenteilungslehre ist in der Bundesrepublik Deutschland von der Sache her nur eine arbeitsteilige und organisatorische Aufgliederung von Staatsgewalten in bestimmte Bereiche der Staatstätigkeit, die von der jeweiligen Politik der an der Macht stehenden Partei bestimmt ist. Damit wird der Illusion, dass man glaubt, es gäbe keinen Machtmissbrauch in der Bundesrepublik Deutschland glänzend widerlegt. Dies soll an dem folgenden Beispiel sichtbar gemacht werden. Der Richterwahlausschuss bestimmt, wer eine rote Robe tragen darf und wer nicht, welche in einer geheimen Mehrheitsabstimmung erfolgt. In diesem Gremium sitzen aber die 16 Justizminister der Länder. Die Leitung der Justiz erfolgt durch Minister einer entsprechenden Partei. Sie entscheiden dann darüber, wer als Richter an die obersten deutschen Gerichtshöfe kommen darf. Hier ist deutlich erkennbar, dass die deutsche Judikative ein organisatorischer Bestandteil der Exekutive ist. Die Justizminister arbeiten in Bund und Ländern unter einem gemeinsamen Dach einer Regierung. Damit sind sie einer Regierungsloyalität verpflichtet. Dies widerspricht vollkommen der Grundidee der Gewaltenteilung.

Für Montesquieu stellt dies eine willkürliche Macht gegenüber den Bürger dar, wenn die Judikative mit der Legislative und/oder verbunden ist. Damit wäre der Richter auch gleich Gesetzgeber. Es ist nicht so ohne Weiteres machbar, dass die Menschen die bestehenden Gesetze nach ihren belieben verändern oder umstoßen können. Die Menschen haben aber die Möglichkeit, diese zu erkennen und Bedingungen herbeizuführen, die eine Verwirklichung ihrer bestehenden Interessen ermöglicht. Voraussetzung wäre eine bewusste zielgerichtete Tätigkeit aller Mitglieder in der Gesellschaft, die wiederum durch die jeweils existierenden gesellschaftlichen Verhältnisse bestimmt wird. Es muss also entschieden werden, ist es eine Politik auf Grundlage der Erkenntnis der bestehenden Gesetze in der gesellschaftlichen Entwicklung, die für alle Bürger etwas bringt, oder ist es eine Politik mit spontanen Entscheidungen, die sich aus der ihr umgebenden politischen, ideologischen und wirtschaftlichen Notwendigkeit der Machtträger orientiert. Hier werden Montesquieus Worte lebendig. Eine Geistesanstrengung ist notwendig, um sich selbst zu regieren. Die Corona-Pandemie ist der beste Lehrmeister, der diese Aussage bestätigt.

Der Leser soll dieses Werk als Ganzes betrachten. Montesquieu weiß, dass die Menschen in ihren Sitten und Gesetzen sehr unterschiedlich veranlagt sind, aus dem sich durch das gemeinsame Leben der Menschen gewisse Grundsätze entwickeln, die sich aus der Natur der Dinge ergeben. Die Wahrheit ist erst dann erkennbar, wen man in der Lage ist, alle Zusammenhänge betrachten zu können, die eine bestimmte Sache ausmacht. Eine allumfassende und komplexe Betrachtung ist dabei unerlässlich. Jedes Volk wird dann seine eigenen Grundsätze finden und entsprechende Schlussfolgerungen ziehen. Dies ist jedoch nur demjenigen gestattet, der mit Weitblick die ganze Verfassung eines Staates durchdringen kann und in der Lage ist, sie auch zu verändern. Ein fester Grundsatz ist, dass ein Volk aufgeklärt sein muss, welches man auf keinen Fall als Nebensache verstehen darf. Ist der Mensch unwissend, hat er keine Bedenken. Ist er aufgeklärt, so macht man selbst noch bei guten Taten sich Gedanken darüber. Erst das Einzelne betrachten, damit einem sich der Blick auf das Ganze erschließt. Es muss nach allen Ursachen gesucht werden, um die Wirkungen erkennen zu können. Montesquieu sagt, dass er glücklich darüber wäre, wenn die Regierungen ihre Kenntnisse vertiefen würden, über all das, was sie entscheiden und verordnen. Bei gebildeten Menschen kommt die Menschenliebe mehr zum Tragen, welches er als allgemeine Tugend betrachtet. Er weiß ebenfalls, dass der Mensch sehr leicht lenkbar ist und sich schnell anderen Eindrücken und Gedanken fügt. Trotzdem ist er in der Lage, dass er sich selbst erkennt, wenn man ihn bildet.

Karsten Demant

4. Der Geist der Gesetze

4.1. Erstes Buch (Seite 2 - 7)
Von den Gesetzen im Allgemeinen.

4.1.1. Erstes Kapitel: Von den Gesetzen in ihrer Beziehung zu den verschiedenen Wesen. (Seite 2 - 4)

Gesetze im Allgemeinen sind notwendige Beziehungen, die sich aus der Natur der Dinge ergeben. Mensch, Tier, die körperliche Welt und Gott sind Wesenheiten, die ihre eigenen besonderen Gesetze beinhalten. Dass es ein blindes Schicksal bzw. eine blinde Notwendigkeit gibt, ist Unsinn. Gesetze sind nicht nur zwischen der ursprünglichen Vernunft und den Wesen notwendig, sondern auch unter den Wesen selber. Die Materie ist in ständiger Bewegung und entbehrt jeder Vernunft (nicht begreifbar).

Die Welt ist aus der Bewegung der Materie entstanden, die immer währt, daher unterliegt sie unveränderlichen Gesetzen. Geht man von einer anderen Welt aus, muss sie untergehen oder besitzt beständige Regeln. Die Welt der Menschen (geistige Welt) wird nicht gut genug geführt. Sie hat keine Beständigkeit, da der Mensch ein beschränktes Wesen ist und Irrtümern ausgesetzt ist. Andererseits handeln die Menschen selbstständig. Noch nicht einmal ihre eigenen Gesetze befolgen sie immer. Der Mensch hat die Eigenart zu empfinden, deshalb ist er Leidenschaften unterworfen.

4.1.2. Zweites Kapitel (Seite 4 – 5)
Von den Naturgesetzen.

Allen Gesetzen voran stehen die Naturgesetze. Sie werden so genannt, da sie aus der besonderen Beschaffenheit, die den Menschen ausmacht, entspringen. Will man sie erkennen, muss man sie von der Gründung der Gesellschaften an betrachten (den wilden Menschen in den Wäldern). Das was der Mensch in diesem Zustand befolgt, sind die Naturgesetze. Der Friede ist demnach ein erstes Naturgesetz, da sie Angst anderen gegenüber haben und die Flucht ergreifen. Keiner kommt auf den Gedanken, den anderen anzugreifen. Hobbes Aussage, dass der Mensch den Wunsch hegt, andere zu unterjochen, lehnt Montesquieu ab. Durch sein Gefühl der Schwäche verbindet er das Gefühl der Bedürfnisse. Damit kommt das zweite Naturgesetz zur Geltung. Das Bedürfnis nach Nahrung. Die Menschen kommen sich näher und verlieren die Angst, welches schon im Reiz beider Geschlechter liegt. Hier ist das dritte Naturgesetz erkennbar. Durch seine Empfindungen kommt der Mensch allmählich zu bestimmten Kenntnissen. Es entwickelt sich ein Grund, sich zu vereinen, also in Gesellschaft zu leben. Damit ist das vierte Naturgesetz begründet.

<u>4.1.3. Drittes Kapitel</u> (Seite 5 - 7)
<u>Von den gegebenen Gesetzen (positive Gesetze).</u>

Durch das Leben in einer Gesellschaft entwickeln sich kriegsähnliche Zustände untereinander, aber auch von Volk zu Volk. Dies wird hervorgerufen durch das Gefühl der Macht über andere und diesen Vorteil in der Gesellschaft für sich zu nutzen. Damit ist es notwendig, Gesetze unter den Menschen einzuführen. Da auf dem Erdball verschiedene Völker existieren, haben die Menschen Gesetze geschaffen, die das Verhältnis der Völker untereinander regelt. Das nennen wir *Völkerrecht*. Auch innerhalb eines Volkes muss das Verhältnis von Regierenden und Regierten geregelt werden. Das ist das *Staatsrecht*. Und das Verhältnis der Gesellschaftsmitglieder untereinander regelt das *bürgerliche Recht*. Der Sinn des Völkerrechts richtet sich nach dem Grundsatz, das die Völker in Frieden miteinander leben. Gehen die Interessen auseinander, dass es zum Krieg kommt, gilt der Grundsatz, das Übel so gering wie möglich zu halten. Das Völkerrecht gilt für alle. Leider gibt es Völker, wo die Gesetze auf falschen Grundsätzen beruhen. Jede Gesellschaft braucht eine Regierung (Bündelung der einzelnen Kräfte). Damit ist es ein politischer Staat. Die allgemeine Gewalt kann in vielen Händen oder nur in einer liegen. Welche Gewalt zu einem Volk passt, richtet sich nach deren Neigung. Die Vereinigung aller Willen ist der bürgerliche Staat. Die Gesetze im Allgemeinen ist die menschliche Vernunft, die alle Völker regiert. Die staatlichen und bürgerlichen Gesetze jedes Volkes sind die besonderen Fälle, wo die Vernunft Anwendung findet. Gesetze sind der Ausdruck, die von den besonderen Bedingungen und der Eigentümlichkeit eines Volkes geprägt sind. Die Grundlage bilden die Staatsgesetze und ihre Stütze sind die bürgerlichen Gesetze. Dies bildet den Geist der Gesetze. Staatsgesetze und bürgerliche Gesetze werden bei Montesquieu nicht getrennt, da er vom Geist der Gesetze ausgeht und nicht von den Gesetzen. Der Geist der Gesetze stellt die verschiedenartigsten Beziehungen zwischen Mensch zur Natur und Mensch zu Mensch dar. Die Gesetze selber stehen zu den verschiedenartigsten Dingen. Daher folgt er der Natur der Dinge. Zunächst werden die Beziehungen der Gesetze zur Natur und dem Prinzip jeder Regierung untersucht.

4.1.4. Zusammenfassung Erstes Buch

Einzelne Menschen spüren Kraft und Macht. Dies wollen sie dann gegenüber anderen ausnutzen. Deshalb sind Gesetze notwendig.

◊

Unterschiedliche Völker = unterschiedliche Gesetze = Völkerrecht

◊

Eine Gesellschaft funktioniert nur mit Regeln zwischen Regierenden und Regierten = Staatsrecht.

◊

Grundsatz des Völkerrechts, wonach alle Gesetze entspringen:
In Frieden sich gegenseitig Gutes erweisen.
Im Krieg sich wenig Übel zufügen. ►Eroberung dient der Erhaltung.

◊

Völkerrecht betrifft alle Gesellschaften, Staatsrecht die einzelne Gesellschaft.
Gesellschaft mit einer Regierung = politischer Staat
Gewalt liegt in einzelne oder mehrere Hände = Staatsgewalt

◊

In einer Gesellschaft wirken verschiedene Kräfte mit unterschiedlichem Willen.
Ist ein Zustand erreicht, wo der Wille aller zum Ausdruck kommt, nennt man es Bürgerlichen Staat.

◊

Gesetze regieren alle Völker der Welt, deshalb sind sie im Allgemeinen die menschliche Vernunft.

◊

Staatliche und bürgerliche Gesetze eines jeden Volkes =

besondere Fälle, wo menschliche Vernunft Anwendung findet.

◊

Grundlage Staatsgesetze = Stütze bürgerlicher Gesetze.
Gesetze stehen im Zusammenhang mit den besonderen
Eigentümlichkeiten eines Landes bzw. Volkes. Gesetze stehen in
Beziehung zueinander in Bezug auf
1. Ursprung.
2. Zweck des Gesetzgebers und der
3. Ordnung der Dinge, für die sie bestimmt sind.

Σ Aus diesen Gesichtspunkten sind Gesetze zu beachten, die
den Inhalt des Buches darstellen. Es geht um die Ordnung der
Dinge und nicht um die natürliche Ordnung.

<u>4.2. Zweites Buch</u> (Seite 7 - 16)
<u>Von den Gesetzen, welche unmittelbar aus der Natur der Regierung entspringen.</u>

<u>4.2.1. Erstes Kapitel</u> (Seite 7)
<u>Von der Natur der drei verschiedenen Regierungen.</u>

Es gibt drei Arten von Regierungen:

Republikanische Regierung = Das Volk oder ein Teil davon besitzt die höchste Gewalt.

Monarchische Regierung = Ein Einzelner regiert nach bestimmten festgelegten Gesetzen.

Despotische Regierung = Der Wille eines Einzelnen ist Gesetz und Vorschrift für alle.

Für Montesquieu ist das die Natur jeder Regierung. Jetzt wird untersucht, welche Gesetze folgen unmittelbar aus ihr und welches sind die ersten Grundsätze.

<u>4.2.2. Zweites Kapitel</u> (Seite 7 - 11)
<u>Von der republikanischen Regierung und den Gesetzen in Bezug auf die Demokratie.</u>

Demokratie = Volk als Ganzes hat höchste Gewalt

Aristokratie = Gewalt liegt in den Händen eines Teils des Volkes. Der Wille des Herrschers ist hier selbst der Herrscher, daher sind die Gesetze über das Stimmrecht ein Grundgesetz der Regierung. Es ist wichtig zu bestimmen, wie durch wen, an wen und worüber die Stimmen abgegeben werden. Die Zahl der Wahlberechtigten muss festgestellt werden, um zu wissen, ob das Volk oder nur ein Teil des Volkes gewählt hat. Besitzt ein Volk die höchste Gewalt, muss es auch die anstehenden Geschäfte so gut es geht selbst erledigen. Geschäfte, die das Volk nicht verrichten kann, muss von seinen Beamten erledigt werden. Ein Grundgesetz dieser

Regierung ist, dass das Volk seine Beamten oder Obrigkeit selber wählt, damit sie ihnen auch gehören. Dies bedarf einer Leitung durch einen Rat oder Senat, wo deren Mitglieder ebenfalls vom Volk oder einer von ihr beauftragten Behörde gewählt werden, damit es ihnen vertrauen kann. In der Auswahl derer, die vom Volk die Macht anvertraut bekommen, weiß es recht gut Bescheid. Das Volk ist nicht imstande, Staatsgeschäfte zu führen, wo es Ort, Zeit und Gelegenheit wahrnehmen muss, um Nutzen ziehen zu können. Es ist aber geschickt genug, sich von den Verwaltungen Rechenschaft geben zu lassen. Ein weiteres Grundgesetz in einer Republik ist die Art und Weise, wie man abstimmt. Der Wahlakt durch das Los ist zwar gut, aber mangelhaft. Eine bessere Möglichkeit ist das Los und die Wahl zugleich. Nach Beendigung einer Amtszeit musste man sich einem ferneren Urteil stellen über die erbrachte Leistung der Arbeit. Damit werden unfähige Personen aus der Auslosung ferngehalten. Die Wahl durch das Los entspricht der Natur der Demokratie und die Wahl durch Abstimmen der Natur der Aristokratie, d.h., ob nach Köpfen oder Stand abgestimmt werden soll. Ein weiteres Grundgesetz der Demokratie ist die Art und Weise, wie die Stimmzettel abgegeben werden. Eine wichtige Frage ist, ob die Abstimmung geheim oder öffentlich sein soll. Eine Abstimmung vom Volk muss öffentlich sein. Das setzt eine Aufklärung des Volkes voraus, damit es nicht ins Verderben stürzt. Wenn aber in einer Demokratie der Senat abstimmt, so muss es geheim sein, um Gruppeninteressen vorzubeugen. In der Aristokratie ist dies sehr gefährlicher als in einer Demokratie, da man hier leidenschaftlicher handelt. In Staaten, wo das Volk keinen Anteil an der Regierung hat, erhitzt es sich über Schauspieler, wie es sonst über die Staatsgeschäfte tun würde. In einer Republik ist es ein Unglück, wenn es keine Parteiungen geben würde. Dies kommt eher vor, wenn das Volk mit Geld bestochen wird. Es wird kalt und hängt nur noch dem Geld nach. Es hat kein Interesse mehr, sich mit öffentlichen Angelegenheiten zu befassen. Es kümmert sich weder um die Regierung noch um deren Pläne. Es erwartet nur noch seinen Lohn. Ein weiteres Grundgesetz der Demokratie ist, das Gesetze allein vom Volk gemacht werden. Es gibt allerdings viele Fälle, wo dem Senat das Recht eingeräumt werden muss, Verordnungen erlassen zu können. Man handelt sehr Weise, wenn man ein Gesetz für ein Jahr auf Probe stellt, bevor es durch den Willen des Volkes dauernd in Kraft tritt.

4.2.3. Drittes Kapitel (Seite 11 - 13)
Von den Gesetzen in Bezug auf die Natur der Aristokratie.

Die höchste Gewalt liegt in den Händen einer bestimmten Personenzahl, die Gesetze beschließt und vollstreckt. Der Rest des Volkes ist weiter nichts als Untertan in einer Monarchie. Wird einem Bürger in einer Republik plötzlich eine außerordentliche Gewalt (übermäßige Autorität) übertragen, so stellt es eine Monarchie dar und ist für eine Republik gefährlich, da keine Gesetze bestehen, die diese übermäßige Macht verhindern. In einer Monarchie hingegen beschränkt das Grundgesetz der Regierung den Monarchen in seiner Machtausübung. Jede Behörde bedarf einer kürzeren Amtszeit, je größer die Macht ist. In der Regel beläuft sich dies auf ein Jahr. Eine längere Zeit ist wegen Machtmissbrauch und Bestechung gefährlich. Die Macht der Geistlichkeit ist für eine Republik gefährlich (4. Kap. 2. Buch). Bei einem Despoten, wo alle seine fünf Sinne sagen, ich bin alles und das Volk ist nichts, wird ein Wesir eingesetzt, der die Geschäfte des Despoten ausübt, damit er sein Lotterleben weiterführen kann (5. Kap. 2. Buch).

Von den Gesetzen in ihrer Beziehung zu der Natur der monarchischen Regierung.

In einer Monarchie ist der Fürst die Quelle aller politischen und bürgerlichen Gewalt. Um seinen Willen durchzusetzen, braucht er notwendigerweise vermittelnde Kanäle. Diese Zwischengewalt ist die des Adels. Der Adel ist der Grundsatz einer Monarchie, der lautet: „Ohne Monarch kein Adel, ohne Adel, kein Monarch". Ohne Adel hat man einen Despoten.

In wenigen Staaten Europas ist man auf die Idee gekommen, alle Patrimonialgerichtsbarkeit aufzuheben. Man schaffte die Vorrechte der Großen, der Geistlichkeit, des Adels und der Städte ab, in der Hoffnung, dass man bald einen Volksstaat oder einen despotischen hat. Die Gerichte eines großen Staates in Europa rütteln seit Jahrhunderten unaufhörlich an der Patrimonialgerichtsbarkeit der Großen und an der geistlichen Gerichtsbarkeit. Man will diese Behörden nicht tadeln, aber man sollte erwägen, in wieweit die Verfassung geändert werden kann. Vor allem bei dem Vorrecht der Geistlichkeit wäre es wünschenswert, diese genauer zu bestimmen.

Für eine Republik ist die Macht der Geistlichkeit gefährlich. In einer Monarchie ist sie zuträglich, besonders wenn diese zum Despotismus neigt. Hier ist sie der Schutzwall gegen die willkürliche Macht, da dieses Herrschaftssystem der Menschheit furchtbares Unheil brachte. Die Monarchie braucht einen Hort für die Gesetze. Diese kann nur bei den politischen Körperschaften liegen, welche die beschlossenen Gesetze verkündet und die in Vergessenheit geratenen wieder in Erinnerung bringt. Da der Adel durch eigene Unwissenheit und Unachtsamkeit die bürgerliche Regierung missachtet, braucht man eine Körperschaft. Der fürstliche Rat ist kein geeigneter Hüter der Gesetze, da er selber die vollziehende Gewalt besitzt und daher nicht der Beschützer der Grundgesetze ist. Der dazugehörige Rat besitzt zudem kein Vertrauen des Volkes. In schwierigen Verhältnissen ist er nicht imstande, das Volk aufzuklären oder zum Gehorsam zurückzuführen. In despotischen Staaten bestehen keine Gesetze. Dort hat die Religion so viel Macht, dass sie gewissermaßen eine beständige Beschützerin ist. Übt sie diese Rolle nicht aus, treten die in Ehren gehaltenen Gewohnheiten und Sitten an die Stelle der Gesetze.

4.2.5. Fünftes Kapitel (Seite 15 - 16)
Von den Gesetzen in Bezug auf die Natur des despotischen Staates.

Das Wesen der despotischen Gewalt ist, dass es ein Menschen gibt, dem seine fünf Sinne beständig sagen, dass er alles ist und die anderen nichts sind. Er kümmert sich um keine Geschäfte. Er überträgt sie einem Wesir, der damit dieselbe Macht besitzt wie der Fürst. Eine solche Einsetzung eines Wesirs ist in einem solchen Staat ein Grundgesetz. Umso mehr Untertanen der Fürst zu regieren hat, desto weniger denkt er an die Regierung. Über die Wichtigkeit bestimmter Geschäfte denkt er noch weniger nach.

4.3. Drittes Buch (Seite 16 - 25)
Von den Grundsätzen der drei Regierungen.

4.3.1. Erstes Kapitel (Seite Seite 16)
Unterschied zwischen der Natur und dem Prinzip der Regierungen.

Bis jetzt wurde untersucht, welche Gesetze zu der Natur jeder

Regierung in Beziehung stehen. Nun werden wir diejenigen Gesetze betrachten, die auf dem Prinzip der Regierung beruhen. Der Unterschied zwischen beiden ist, dass die Natur der Regierung ihr besonderes Wesen ist und ihr Prinzip das, was ihr Handeln bestimmt. Nun stehen aber beide in Beziehung miteinander. Worin dieses Prinzip der Beziehung zueinander besteht, soll nun untersucht werden.

4.3.2. Zweites Kapitel (Seite 16)
Von dem Prinzip der verschiedenen Regierungen.

Wiederholung: Die Natur einer republikanischen Regierung ist, dass das Volk im Ganzen die unumschränkte Macht besitzt. Die Natur der Aristokratie, der Monarchie und des Despotismus sind uns nun ebenfalls bekannt.

4.3.3. Drittes Kapitel (Seite 17 - 19)
Von dem Prinzip der Demokratie.

Um in einer Demokratie alles in Ordnung und im Zaum halten zu können, bedarf es einer zusätzlichen Triebkraft. Die der Tugend. Wenn in einer Demokratie die Gesetze außer Anwendung gekommen sind, ist der Staat verloren, da es eine Folge der inneren Verdorbenheit der Republik darstellt.

4.3.4. Viertes Kapitel (Seite 19 - 20)
Das Prinzip der Aristokratie.

Das Volk steht hier in demselben Verhältnis den Adeligen gegenüber wie in einer Monarchie. Das Volk wird durch Gesetze in Schranken gehalten. Deshalb braucht es weniger Tugend als das Volk in einer Demokratie. Doch wer hält die Adeligen in Schranken? Wer geht schon gegen seinen eigenen Stand vor? Diese Körperschaft (Adelige) kann sich durch eine große Tugend selbst zügeln, damit stellen sie sich praktisch dem Volk gleich. Oder durch eine geringere Tugend, welche auf Mäßigung besteht und die Adeligen untereinander gleichmacht und damit ihre Erhaltung bewirkt. Mäßigung wird aus der Tugend heraus verstanden und nicht durch Schlaffheit und Trägheit der Seele.

4.3.5. Fünftes Kapitel (Seite 20 -21)
Dass die Tugend nicht das Prinzip der monarchischen Regierung ist.

Das Volk ist nichts und der Hof hält alle Laster bereit. Man will hier ohne Arbeit Reich werden. Es herrscht Niederträchtigkeit, Schmeichelei, Verrat, Treulosigkeit und Verachtung von Bürgerpflichten. Diese Dinge beruhen nicht auf Einbildung, sondern sind traurige Erfahrung.

4.3.6. Sechstes Kapitel (Seite 21)
Wie in der monarchischen Regierung die Tugend ersetzt wird.

Hier ersetzt die Ehre die politische Tugend. Ehre heißt hier Vorurteil gegen jede Person und Stellung. Man wird in guten Monarchien auch gute Bürger finden, aber man wird keinen bekommen, der sich um das allgemeine Wohl kümmert.

4.3.7. Siebentes Kapitel (Seite 21/22)
Das Prinzip der Monarchien.

Die Natur der Ehre verlangt Vorzüge und Auszeichnungen. Ein solcher Ehrgeiz in einer Republik ist verderblich, in der Monarchie hat es seine Wirkung. Diese Ehre setzt Teile des Staatskörpers in Bewegung.

4.3.8. Achtes Kapitel (Seite 22)
Dass die Ehre nicht das Prinzip der despotischen Staaten ist.

Die Menschen sind hier alle gleich. Niemand hat einen Vorzug zu den anderen, und da die Menschen hier alle Sklaven sind, so kann man überhaupt keinen Vorzug erkennen. Die Ehre hat ihre eigenen unbeugsamen Gesetze und Regeln, daher kann sie nur in Staaten gedeihen, die eine feste Verfassung und sichere Gesetze haben. Der Despot kennt keine Regeln. Mit seinem Eigensinn kann er jeden anderen vernichten. In solchen Staaten ist die Ehre unbekannt. In Monarchien dagegen belebt sie den ganzen Staatskörper, die Gesetze bis hin zu den Tugenden.

4.3.9. Neuntes Kapitel (Seite 23/24)
Das Prinzip der despotischen Regierungen.

In einer Republik bedarf es der Tugend, in einer Monarchie die der Ehre, in einer despotischen Regierung, die der Furcht und des Gehorsams.

4.3.10. Zehntes Kapitel (Seite 24/25)
Unterschied des Gehorsams in den gemäßigten und despotischen Regierungen.

In einem despotischen Staat verlangt man unbedingten Gehorsam. Der verkündete Wille des Fürsten muss unfehlbar seine Wirkung haben. Man hat den Befehl zu empfangen, das genügt. Nur die Religion kann den Fürsten entgegengesetzt werden, da die Gesetze der Religion höher stehen und für ihn ebenso gelten wie für seine Untertanen. Anders verhält es sich mit dem Naturrecht, da hier der Fürst nicht als Mensch angesehen wird.

4.3.11. Elftes Kapitel (Seite 25)
Betrachtung über alles dieses.

Damit sind die drei Regierungen dargelegt worden, welches nicht bedeutet, dass man in einer Republik tugendhafter ist. Nur sein sollte man es.

4.4. Viertes Buch (Seite 25 - 35)
Die Gesetze der Erziehung müssen sich nach dem Prinzip der Regierung richten.

4.4.1. Erstes Kapitel (Seite 25)
Von den Gesetzen der Erziehung.

Die Gesetze der Erziehung sollen den Bürger heranbilden. Jede einzelne Familie sowie das Ganze muss nach denselben Plan regiert werden. Hat das Volk im Ganzen ein Prinzip, müssen seine Einzelteile dasselbe Prinzip haben. Deshalb sind die Gesetze der Erziehung die Ersten, die auf den Menschen wirken. In den drei Regierungen sind sie jedoch verschieden.

$$\text{Republik} = \text{Tugend}$$
$$\text{Monarchie} = \text{Ehre}$$
$$\text{Despotismus} = \text{Furcht}$$

4.4.2. Zweites Kapitel (Seite 26 - 28)
Von der Erziehung in den Monarchien.

Hier erhält man seine hauptsächliche Erziehung mit dem Eintritt in eine Gesellschaft. Es ist die Schule der sogenannten Ehre, die uns überall begleiten soll. Hier ist die Tugend nur an dreierlei Sachen gebunden. Eine gewisse Vornehmheit, Sitten mit einer gewissen Freimütigkeit und das Betragen, welches mit einer gewissen Höflichkeit verbunden sein muss. Handlungen sind hier nicht Gut, sondern schön. Sie sind nicht gerecht, aber groß. Sie sind nicht vernünftig, aber außerordentlich geschätzt. Die Ehre hat Regeln, wonach sich die Erziehung richten muss.

4.4.3. Drittes Kapitel (Seite 28/29)
Von der Erziehung unter den despotischen Regierungen.

Erziehung ist hier so gut wie nicht vorhanden. Man ist Sklave, der unbedingten Gehorsam voraussetzt. Man hat nicht zu zweifeln, nicht zu überlegen, nichts zu untersuchen, sondern nur zu wollen. Erziehung besteht hier im Umgang mit anderen und ist sehr beschränkt. Furcht und einige Grundsätze der Religion sind hier ausreichend.

4.4.4. Viertes Kapitel (Seite 29)
Unterschied der Wirkungen der Erziehung bei den Alten und bei uns.

Viele alte Völker lebten unter Regierungen, wo die Tugend zur Grundlage erhoben wurde. Mit voller Kraft wurden Dinge vollführt, die man heute nicht mehr erlebt. Die Menschen heute erhalten ihre Erziehung in drei verschiedenen oder widersprechenden Formen. Einmal durch die Eltern, dann von den Lehrern und durch die Gesellschaft. Die Gesellschaft aber wirft all diese Vorstellungen wieder über den Haufen. Schuld ist der Gegensatz zwischen den Anforderungen der Religion und der Gesellschaft.

4.4.4. Fünftes Kapitel (Seite 29/30)
Von der Erziehung in der republikanischen Erziehung.

Die Erziehung findet in drei verschiedenen gesellschaftlichen Gruppen statt. Die Familie, die Schule (Lehrer) und in der Gesellschaft. In einer Republik bedarf man der ganzen Macht der

Erziehung. Die Tugend ist hier die Liebe zu den Gesetzen und dem Vaterland. Die Erziehung muss deshalb auf diese Tugend bedacht sein. Nicht das heranwachsende Volk entartet, sondern es verdirbt nur, wenn die erwachsenen Männer schon verdorben sind.

4.5. Fünftes Buch (Seite 36 - 63)
Die Gesetze, welches der Gesetzgeber gibt, müssen sich nach dem Prinzip der Regierung richten.

4.5.1. Erstes Kapitel (Seite 36)
Gedanke dieses Buches.

Die Gesetze der Erziehung müssen sich nach dem Prinzip der Regierung richten. Dasselbe gilt für Gesetze für die ganze Gesellschaft. Diese Beziehungen der Gesetze in den einzelnen Regierungsprinzipien hält die Regierung in Bewegung, woraus es wieder neue Kraft gewinnt. Eine Wirkung hat eine Rückwirkung. Diese Beziehungen werden jetzt untersucht.

4.5.2. Zweites Kapitel (Seite 36)
Von der Bedeutung der Tugend in dem politischen Staat.

Die Tugend in einer Republik ist die Liebe zu ihr. Sie ist eine Sache des Gefühls, die unabhängig von Kenntnissen ist. Der einfachste Mensch kann sie besitzen, genauso wie der Erste im Staate. Hat das Volk Grundsätze, so hält es länger daran fest. Vaterlandsliebe erzeugt Sittenreinheit und Sittlichkeit. Je weniger man seine besonderen Neigungen befriedigen kann, je mehr widmet man sich den allgemeinen Bestrebungen.

4.5.3. Drittes Kapitel (Seite 37)
Worin die Liebe zur Republik in der Demokratie besteht.

Liebe zur Republik = Liebe zur Demokratie
Liebe zur Demokratie = Liebe zur Gleichheit
Liebe zur Demokratie = auch Liebe zur Genügsamkeit
Warum?

Jeder soll dasselbe Glück und dieselben Vorteile besitzen, deshalb soll er dieselben Freuden genießen und dieselben Hoffnungen hegen. Dies geht nur bei einer allgemeinen Genügsamkeit. Die Liebe zur Gleichheit beschränkt den Ehrgeiz auf den Wunsch und das Glück, dem Vaterland besser dienen zu können als die anderen Bürger. Gleiche Dienste können sie nicht leisten, sie können aber gleichmäßig dienen. Liebe zur Genügsamkeit heißt für die Familie nur mit dem notwendigen Auskommen. Für das Vaterland aber gibt man alles im Überfluss. Reichtum verleiht Macht, die man hier als Bürger nicht gebrauchen kann, denn sonst würde der Gleichheitssatz verletzt werden.

4.5.4. Viertes Kapitel (Seite 37/38)
Wie die Liebe zur Gleichheit und Genügsamkeit
hervorgerufen wird.

Durch die Gleichheit und Genügsamkeit, selbst wenn die Gesellschaft bei beiden es gesetzlich vorschreibt. In monarchischen und despotischen Staaten strebt niemand nach Gleichheit, sondern nach Übergewicht und Vorrecht. Um Genügsamkeit zu lieben, muss man sie besitzen. Ist man durch Genüsse verdorben, kann man das genügsame Leben nicht lieben.

4.5.5. Fünftes Kapitel (Seite 38 - 41)
Wie die Gesetze in der Demokratie die Gleichheit herstellen.

Es müssen Schenkungen, die Erbfolge, die Testamente und die

- 49-

Arten von Verträgen geregelt sein. Wer über sein Vermögen nach Belieben verfügen kann, durchkreuzt mit seinem Einzelwillen die Anordnung des zugrunde liegenden Gesetzes. In einer Demokratie ist die wahre Gleichheit die Seele des Staates. Es genügt, wenn Steuerklassen eingeführt werden, die den Unterschied von Arm und Reich mindern. Hiermit werden Ungleichheiten durch Lasten, die den Reichen auferlegt werden, ausgeglichen. Den Armen gewährt man dadurch eine Entlastung.

4.5.6. Sechstes Kapitel (Seite 41 -42)
Wie die Gesetze die Genügsamkeit in der Demokratie aufrechterhalten müssen.

In einer guten Demokratie ist es nicht ausreichend, wenn die Ländereien gleich sind, sie müssen auch klein sein. Gleichheit und Genügsamkeit bedingen sich einander. Die Gleichheit des Vermögens erhält die Genügsamkeit, wie die Genügsamkeit die Gleichheit des Vermögens erhält. Trotz Verschiedenheit dieser zwei Dinge kann das eine ohne das andere nicht bestehen, z. B. in einer Demokratie, die auf den Handel begründet ist. Hier kann es vorkommen, dass einzelne Bürger Reichtümer besitzen, ohne das die Sitten darunter leiden. Dies liegt darin begründet, dass der Handelsgeist den Geist der Genügsamkeit, Sparsamkeit, Mäßigung, Arbeit, Klugheit, Ruhe und Ordnung mit sich bringt. Solange dieser Geist vorhält, hat er keine schlechte Wirkung. Negative Erscheinungen treten erst ein, wenn übermäßige Reichtümer diesen Handelsgeist zerstören. Handelt es sich um keine Handelsrepublik, gelten gesetzgeberisch andere Maßregeln.

4.5.7. Siebentes Kapitel (Seite 42 -44)
Andere Mittel, das Prinzip der Demokratie zu fördern.

Man braucht eine ständige Körperschaft, die ein Meister der

guten Sitten darstellt. Wird dies in der Praxis gelebt, so wird es auf die Familien übertragen. Bei den Sitten selber ist vieles durch Bewahrung alter Rechte und Gewohnheiten zu erreichen. Völker mit einfachen und strengen Sitten führen die Menschen zur Tugend zurück, wo alte Grundsätze herrschen. Unabdingbar ist die Zensur. Der Senat wacht über das Volk, die Zensoren wachen über den Senat und das Volk. Ihre Aufgabe ist es, alles, was in Verfall geraten ist, wieder herzustellen. Es müssen hier Nachlässigkeiten gerügt werden und Fehltritte geahndet werden. Die Erhaltung guter Sitten setzt die strenge Unterordnung der Jugend unter das Alter, so wie die strenge Unterordnung der Bürger unter die Obrigkeit.

<u>4.5.8. Achtes Kapitel</u> (Seite 45 - 48)
<u>Wie die Gesetze in der Aristokratie sich dem Regierungsprinzip anpassen müssen.</u>

Nun ist in der Aristokratie das Vermögen der Menschen ungleich verteilt, so das äußerst selten Tugenden gefunden werden. Die Gesetze müssen deshalb den Geist der Mäßigung in sich tragen. In der Aristokratie ist der Geist der Mäßigung die Tugend, so wie in einem Volksstaat es der Geist der Gleichheit ist. Die Aristokratie darf nicht das Prinzip der Monarchie annehmen, denn dann gebe es für einige besondere Vorrechte. Diese dürfen nur dem Senat zustehen. Den einzelnen Senatoren aber nur die einfache Ehrerbietung. Die zwei Hauptursachen der Störung der Ordnung in den aristokratischen Staaten:

1. Die große Ungleichheit zwischen den Regierenden und Regierten.
2. Die große Ungleichheit unter den einzelnen Mitgliedern der regierenden Körperschaft.

Aus diesen beiden entsteht der Hass und Neid, welches die

Gesetze vorbeugen sollen oder Schranken gesetzt werden. Eine Ungleichheit ist, wenn die Lage der Bürger bei der Steuererhebung eine verschiedene ist. Beispiele wären das Vorrecht der Steuerfreiheit, wer sich betrügerisch den Steuern entzieht, wenn unter dem Vorwand der Belohnung und Bezahlung für die bekleideten Ämter diese wieder zurückverlangt und wenn das Volk zinspflichtig gemacht wird, damit man es unter sich verteilen kann. Findet eine Verteilung der Einkünfte unter dem Volk nicht statt, so sollte man es ihm wenigstens zeigen, dass es gut verwaltet wird. In der Aristokratie sollten die Vornehmen keine Steuern erheben, denn dann würden alle Privatpersonen der Willkür der Steuereinnehmer ausgesetzt sein. Die Vorteile, die man daraus ziehen könnte, würde als ein Vermögensrecht betrachtet werden, welches die Habsucht nach belieben erweitert. Auf solche Weise verfallen einige Staaten. Die Gesetze müssen den Vornehmen auch den Handel verbieten, weil Kaufleute in einer sehr einflussreichen Stellung Monopole aller Art erlangen können. Der Handel ist eine Beschäftigung von gleichgestellten Menschen. Sehr gefährlich für eine Aristokratie ist die große Armut und der übermäßige Reichtum. Damit der Reichtum jener in gewissen Grenzen gehalten werden kann, bedarf es weiser Maßregeln.

4.5.9. Neuntes Kapitel (Seite 48/49)
Wie die Gesetze in der Monarchie zu dem Prinzip derselben in Beziehung stehen.

Da die Ehre das Prinzip dieser Regierung ist, müssen die Gesetze sich nach ihr richten, um jenen Adel zu erhalten. Die Vorrechte des Adels dürfen nicht auf das Volk übergehen, da sonst das Prinzip der Regierung erschüttert werden würde. Man muss eine bestimmte Ordnung in die Art der Steuererhebung bringen, sonst werden sie drückender als die Lasten selbst. Schwere Abgaben nötigen zur Arbeit, die zu einer Überbürdung führt und Überbürdung zieht Erschlaffung und Trägheit nach sich.

4.5.10. Zehntes Kapitel (Seite 49)
Von der raschen Vollstreckung in den Monarchien.

Der Vorzug einer monarchischen Regierung gegenüber der republikanischen ist die schnellere Vollstreckung, da die Geschäfte von einem einzelnen geleitet werden.

4.5.11. Elftes Kapitel (Seite 50 - 51)
Von der Vortrefflichkeit der monarchischen Regierung.

Der große Vorteil einer monarchischen Regierung gegenüber einer despotischen ist das Festhalten mehrerer Klassen an der Verfassung. Damit ist der Staat des Fürsten fester, die Verfassung unerschütterlicher und der Herrscher selber ist gesichert.

4.5.12. Zwölftes Kapitel (Seite 51)
Fortsetzung desselben Gegenstandes.

In den despotischen Staaten gibt es keine hochherzige Gesinnung, da der Fürst keine Größe verleihen wird, die er selbst nicht besitzt. In den Monarchien dagegen will man seine Untertanen in der Umgebung des Herrschers von seinem Glanz bestrahlt sehen.

4.5.13. Dreizehntes Kapitel (Seite 51)
Begriff des Despotismus.

Wenn die Wilden Louisianas Früchte haben wollen, schlagen sie den Baum an der Wurzel ab und pflücken die Früchte. So ist die despotische Regierung.

Wie die Gesetze zum Prinzip der despotischen Regierung in Beziehung stehen.

Eine despotische Regierung hat die Furcht zum Prinzip. Ein kraftloses, unwissendes furchtsames Volk braucht nicht viele Gesetze. Die Macht in diesem Staate liegt beim Heer. Der Fürst fragt sich daher, wie er die Sicherheit vereinigen kann. Am schlechtesten sind die despotischen Regierungen dran, wo der Fürst sich zum Eigentümer aller Grundstücke und zum Erben aller seiner Untertanen macht. Die Folge ist, dass der Landbau ganz aufhört. Betreibt der Fürst dann noch obendrein Handel, so geht auch noch aller Gewerbefleiß zugrunde. In solchen Staaten wird nichts erneuert oder verbessert. Wenn man glaubt, dass man deswegen Gesetze erlassen muss, die das Eigentum an Grund und Boden und die Vererbung der Güter aufheben muss, damit die Habsucht und Begehrlichkeit der Großen vermindert wird, der irrt hier gewaltig. Es wird damit der Habsucht und der Begehrlichkeit ein noch größerer Anreiz gegeben. Es werden tausend Erpressungen verübt, da man glaubt, nicht Eigenes haben zu können als Gold und Silber, das man wegbringen oder verbergen kann. Damit nicht alles zugrunde geht, sollte man den Gewohnheiten, der Sitte und der Habsucht des Fürsten Grenzen setzen.

In den Staaten, wo es keine Grundgesetze gibt, ist die Thronfolge nicht fest bestimmt, da der Fürst sie frei und außerhalb der Familie vergeben kann. Ein solcher Staat hat also einen Grund, sich mehr aufzulösen als die Monarchie. Jeder Prinz in der königlichen Familie hat die gleichen Chancen, gewählt zu werden. Derjenige, der den Thron dann besteigt, lässt zunächst seine Brüder erdrosseln, wie in der Türkei, da sonst jede Thronerledigung einen Bürgerkrieg zur Folge hat, wie in

Marokko. Ist aber die Thronfolge durch ein Grundgesetz bestimmt, so ist der Prinz der alleinige Erbe und deine Brüder haben kein Recht, ihm den Thron streitig zu machen. Auch haben die despotischen Fürsten mit der Ehe jederzeit Missbrauch getrieben, da sie gewöhnlich mehrere Frauen nehmen. Die menschliche Natur wird sich stets gegen die despotische Regierung auflehnen. Allein schon wegen der Freiheitsliebe der Menschen und ihres Hasses gegen die Gewalt. Trotzdem sind die meisten Völker ihr unterworfen. Um eine gemäßigte Regierung herstellen zu können, muss man die verschiedenen Gewalten miteinander verbinden, regeln, mäßigen und in Tätigkeit setzen. Dies bedarf aber einer hervorragenden Klugheit zur Ausführung. Es muss ein Meisterstück der Gesetzgebung sein, was selten hervorgebracht wird.

4.5.15. Sechzehntes Kapitel (Seite 57/58)
Von der Übertragung der Gewalt.

Im Despotismus liegt die Gewalt in den Händen, denen sie anvertraut wird. Der Wesir ist der Despot selbst. Auch jeder einzelne Beamte ist ein Wesir. In der Monarchie wird die Gewalt nicht so unmittelbar übertragen. Der Monarch wird hier bestrebt sein, dass er nie Teile der Macht aus der Hand gibt, wo er keine größere Macht mehr besitzt.

4.5.16. Neunzehntes Kapitel (Seite 60 - 63)
Weitere Folgerungen aus den Grundsätzen der drei Regierungsformen.

Bevor dieses Buch endigt, will Montesquieu von seinen drei Grundsätzen noch einige Anwendungen machen.

1. Frage: Dürfen die Gesetze einen Bürger zur Annahme der öffentlichen Ämter zwingen? In der republikanischen

Regierung dürfen sie es, in der monarchischen dagegen nicht. In der Republik sind die Ämter Zeugnisse der Tugend, das heißt ein Gut, welches das Vaterland einem Bürger anvertraut hat. Er kann es nicht ausschlagen. In der Monarchie dagegen sind die Ämter Zeugnisse der Ehre, nur die Ehre hat eine seltsame Eigenschaft, sie kann es annehmen, wenn sie will und in der Art, wie sie will.

2. Frage: Ist es ein guter Grundsatz, dass ein Bürger im Heer zur Annahme einer niederen Stelle, als er bereits bekleidete, verpflichtet werden kann? In einer Republik verlangt die Tugend, dem Staat gegenüber ein beständiges Opfer seiner selbst zu bringen. In der Monarchie dagegen duldet man nichts, was als eine persönliche Herabwürdigung angesehen werden könnte.

3. Frage: Soll man die bürgerlichen und militärischen Ämter in dieselbe Hand legen? In der Republik ja, da es nicht gut sein würde, aus dem Militärberufe einen besonderen, den bürgerlichen Berufskreisen unterschiedenen Stand zu machen. In der Monarchie ist das Ziel des Krieges nur der Ruhm, die Ehre oder das Vermögen.

4. Frage: Ist es gut, wenn die Ämter käuflich sind? Im Despotismus nicht, da der Fürst in der Lage sein muss, die Untergebenen jederzeit ein- und abzusetzen. In der Monarchie ist dies gut, da man dies als Familienberuf betreibt und jeden zu seiner Pflicht bestimmt. Das macht die Staatsordnung beständiger.

5. Frage: In welcher Regierung sind Sittenrichter nötig? In einer Republik. Nicht nur die Verbrechen zerstören die Tugend, auch Nachlässigkeit, Fehler und eine gewisse Lauheit in der Vaterlandsliebe. Die Ursachen der Sittenverderbnis ist alles, was nicht gegen die Gesetze

verstößt, wie die Umgehung der Gesetze, was sie schwächt. In der Monarchie sind keine Sittenrichter nötig, da alles auf Ehre gegründet ist.

4.6. Sechstes Buch (Seite 63 - 83)
Folgerungen aus den Regierungsgrundsätzen in Rücksicht auf die Einfachheit der Zivil- und Strafgesetze, die Form der Urteile und die Bestimmung der Strafe.

4.6.1. Erstes Kapitel (Seite 63 - 65)
Von der Einfachheit der Zivilgesetze in den verschiedenen Regierungen.

In einer Monarchie sind Gerichte notwendig. Diese geben Entscheidungen ab, die aufbewahrt und studiert werden müssen, damit man heute so urteilt wie gestern und das Eigentum und Leben der Bürger sichert. Im Despotismus fällt dies alles weg, da einer herrscht und alles andere zu gehorchen hat.

4.6.2. Zweites Kapitel (Seite 65 - 67)
Von der Einfachheit der Strafgesetze in den verschiedenen Regierungen.

Überall muss Recht gesprochen werden. Wenn man die Förmlichkeiten der Rechtsprechung mit Rücksicht auf die Mühe des Bürgers (Rückgabe seines Gutes, Genugtuung einer Kränkung) prüft, wird man ohne Zweifel dieselben übertrieben finden. Wenn man sie mit Rücksicht auf die Freiheit und Sicherheit der Bürger prüft, findet man sie wiederum nicht ausreichend genug und erkennt, dass die Kosten, die Mühen und die Verzögerung der Rechtsprechung der Preis ist, den der Bürger für seine Freiheit bezahlt. In der Türkei kümmert man sich um das Leben und die Ehre der Untertanen sehr wenig. Hat man den Pascha einmal aufgeklärt, legt er nach seiner Laune die Strafe fest, wie viel Stockschläge und schickt ihn nach Hause. Hier wäre es gefährlich, ein leidenschaftlicher Prozessführer zu sein. In solch einem Staat, wo man keine andere Empfindung haben darf als Furcht und es plötzlich zur Revolution führen kann, sollte so eine Rechtsprechung vermieden werden.

In den gemäßigten Staaten dagegen, wo der einfachste Mensch Wert besitzt, nimmt man ihn sein Gut und seine Ehre nach weitläufigen Untersuchungen. Seines Lebens beraubt man ihn nur, wenn das Vaterland selbst es verlangt. Aus diesem Grund will der Mensch die Gesetze vereinfachen. Man hat hier mehr die einzelnen Hindernisse im Auge als deren Freiheit, um die man sich nicht im Geringsten kümmert. Man sieht, dass in der Republik wenigstens eben soviel Förmlichkeiten nötig sind als in den Monarchien. In beiden Regierungen vermehren sich die Förmlichkeiten nach Maßgabe der Bedeutung. Damit sind die Menschen in einer Republik, wie in einer despotischen Regierung alle gleich: jene, weil sie alles, in dieser, weil sie nichts sind.

4.6.3. Drittes Kapitel (Seite 67)
In welchen Regierungen und in welchen Fällen muss man streng nach dem Wortlaute des Gesetzes urteilen?

Je mehr sich eine Regierung der Republik nähert, desto fester und bestimmter wird die Weise der Rechtsprechung. In den despotischen Staaten gibt es keine Gesetze, da der Richter hier selbst das Gesetz ist. Was das Recht in den monarchischen Staaten betrifft, versucht man den Sinn zu ermitteln. In einer Republik fordert die Verfassung, dass der Richter das Gesetz richtig auslegt, wenn es sich um das Vermögen, die Ehre und das Leben handelt.

4.6.4. Neuntes Kapitel (Seite 72/73)
Von der Strenge der Strafe in den verschiedenen Regierungen.

Strenge Strafen passen besser für die despotischen Regierungen, deren Prinzip der Schrecken ist als für die Monarchie und der Republik, deren Triebfedern die Ehre und die Tugenden sind.

4.6.5. Sechzehntes Kapitel (Seite 80/81)
Von dem gerechten Verhältnis der Strafen zu den Verbrechen.

Es ist ein großes Übel, dass der einfache Straßenräuber ebenso bestraft wird wie ein Raubmörder. Man muss im Interesse der Öffentlichkeit einen Unterschied in der Strafe machen.

4.6.6. Siebzehntes Kapitel (Seite 81)
Von der Tortour oder Folterung der Verbrecher.

Sie ist von der Natur her nicht notwendig.

4.7. Siebentes Buch (Seite 84 - 97)
Folgen der verschiedenen Grundsätze der drei Regierungen hinsichtlich der Gesetze des Aufwandes, des Luxus und der Stellung der Frauen.

4.7.1. Erstes Kapitel (Seite 84/85)
Vom Luxus.

Luxus steht immer in Verbindung mit der Ungleichheit der Vermögen. Luxus beruht auf Annehmlichkeiten, welches durch die Arbeit anderer entstanden ist.

4.7.2. Zweites Kapitel (Seite 85/86)
Von den Aufwandsgesetzen in der Demokratie.

Eine Republik ist umso vollkommener, je weniger Luxus ihr eigen ist. Bürgert sich der Luxus in einer Republik ein, so wendet sich der Geist dem Sonderinteresse zu. Ein von Luxus verdorbenes Gemüt hegt Wünsche, wo es bald der Feind der Gesetze wird. Die Begierde wird maßlos. Besonders feststellbar ist es an den Preisen, die von allgemeiner Zügellosigkeit begleitet sind.

4.8. Achtes Buch (Seite 97 -111)
Von dem Verfall der Grundsätze der drei Regierungen.

4.8.1. Erstes Kapitel (Seite 97)
Allgemeine Gedanken dieses Buches.

Der Verfall jeder Regierung beginnt fast immer mit dem Verfall ihrer Grundsätze.

4.8.2. Zweites Kapitel (Seite 97 - 99)
Von dem Verfall des Prinzips der Demokratie.

Das Prinzip der Demokratie gerät nicht nur in Verfall, wenn die Gleichheit verloren geht, sondern auch durch die Übertreibung des Gleichheitsgedankens. Damit ist gemeint, dass das Volk der Meinung wäre, da alle gleichgestellt sind, die Aufgaben der Regierung, der Behörden und der Richter selber auszuführen. Die Behörden werden also nicht mehr geachtet. Dann ist für die Tugend kein Raum mehr. Jeder findet an einer solchen Ungebundenheit gefallen. Ei deutliches Bild einer Republik, in welcher das Volk die Gleichheit missbraucht hat, gibt folgende Einstellung. Ich bin mit mir zufrieden, weil ich Arm bin. Als ich

Reich war, verlangte die Republik immer mehr Summen von mir, wo ich mich nicht wehren konnte. Heute bin ich Arm, niemand bedroht mich, ich bedrohe vielmehr die anderen und ich kann tun und lassen was ich will. Jetzt bin ich König, früher ein Sklave. Ich zahlte der Republik Abgaben und heute ernährt sie mich. Ich fürchte mich nicht etwas zu verlieren, denn ich hoffe, etwas zu erwerben.

4.8.3. Drittes Kapitel (Seite 99)
Von dem Geist der übertriebenen Gleichheit.

Die Menschen werden alle gleich geboren. Die Ungleichheit stellt sich ein durch die Gesellschaft. Nur die Gesetze können bewirken, dass sie wieder gleich gestellt sind.

4.8.4. Viertes Kapitel (Seite 99/100)
Besondere Ursache von der Entartung des Volkes.

Große Erfolge, wo das Volk viel beiträgt, machen es übermütig, sodass man es nicht mehr regieren kann. Es wird missgünstig gegen Beamte, Ämter, Regierenden bis hin zum Feind der Verfassung.

4.8.5. Elftes Kapitel (Seite 103/104)
Natürliche Wirkungen der unverdorbenen und verdorbenen Grundsätze.

Wenn einmal die Grundsätze einer Regierung verdorben sind, werden die besten Gesetze schlecht und kehren sich gegen den Staat. Sind dagegen die Grundsätze gesund, haben die schlechten Gesetze die Wirkung der guten, da die Macht des Prinzips in allen den entscheidenden Ausschlag gibt. Es gibt wenige Gesetze, die nicht gut wären, so lange der Staat sein Prinzip wahrt. Wie sagte Epikur: „Nicht der Weise ist verdorben, sondern das

Gesetz“.

4.8.6. Zwölftes Kapitel (Seite 104/105)
Fortsetzung desselben Gegenstandes.

Ist eine Republik einmal verdorben, kann man keines der Übel anders abhelfen als durch Beseitigung dieser Verderbnis und der Wiederbelebung der Grundsätze. Mäßigung wird Geringer, umso mehr Macht man gewinnt. Damit wird man den Grundsätzen untreu.

4.8.7. Dreizehntes Kapitel (Seite 105/106)
Bedeutung des Eides bei einem tugendhaften Volke.

Der Eid kann so viel Macht bedeuten, dass kein anderes Band es fester an die Gesetze binden könnte. Um den Eid zu halten, macht man für den Ruhm oder für das Vaterland alles, was man sonst nie getan hätte. Unter einem Eid ist man gebunden.

4.8.8. Sechzehntes Kapitel (Seite 107)
Unterscheidende Eigenschaften der Republik.

Eine Republik kann nur gut bestehen, wenn sie ein kleines Gebiet umfasst. Das öffentliche Wohl wird daher besser empfunden und jedem Bürger näher gerückt. Selbst der Missbrauch ist nicht so ausgedehnt. In einer großen Republik gibt es große Vermögen, was zur Folge hat, dass es kaum eine maßvolle Gesinnung gibt. Die Interessen, sondern sich ab.

4.8.9. Zwanzigstes Kapitel (Seite 109)
Folgerungen aus den vorhergehenden Kapiteln.

Die natürliche Eigenschaft macht in den kleinen Staaten eine republikanische Regierung erforderlich. In einer mittelgroßen die Unterwerfung unter einen Monarchen und die großen Reiche die

Herrschaft eines Despoten. Daraus folgt, dass der Staat in seiner alten Größe erhalten werden muss, damit er seine Grundsätze wahren kann. Werden Grenzen verändert, ändert sich auch das Wesen eines Staates.

4.9. Neuntes Buch (Seite 111 - 117)
Von den Gesetzen in ihrer Beziehung zur Stärke der Verteidigung.

4.9.1. Erstes Kapitel (Seite 111/112)
Wie die Republiken für ihre Sicherheit sorgen.

Ist die Republik klein, wird sie von einer auswärtigen Macht vernichtet. Ist sie groß, geht sie an ihren Fehlern zugrunde. Dieses doppelte Übel bedroht die Demokratien gleichmäßig. Die Menschen haben daher eine ganz bestimmte Verfassungsart erdacht, den Staatenbund. Diese Regierungsform ist eine Vereinbarung von mehreren Staaten, die es den Bürgern in diesen Staaten ermöglicht, ein gemeinschaftlich größerer Staat zu werden. Aus diesen Zusammenschluss von mehreren Gesellschaften entsteht eine neue Gesellschaft. Man kann durch den Beitritt neuer Gesellschaften sich so weit vergrößern, dass diese neue Macht für die Sicherheit aller ihr angehörenden Gesellschaften ausreicht. Wird ein Staat zu mächtig, so beunruhigt das die anderen Staaten. Gibt es bei einem Mitglied des Bundes einen Aufruhr, so können die anderen ihn dämpfen. Kommen irgendwo Missbräuche zum Vorschein, so werden sie von den gesunden Mitgliedern gebessert. Ein Staat kann zugrunde gehen, ohne dass die anderen davon berührt werden. Der Bund kann aufgelöst werden und die Verbündeten können selbstständig bleiben. Ist er aus kleinen Republiken zusammengesetzt, erfreut man sich über die guten inneren Regierungen. Nach außen allerdings genießen sie Vorzüge durch die Macht der Vereinigung.

4.9.2. Zweites Kapitel (Seite 112/113)
Der Bund muss aus Staaten gleicher Natur, vornehmlich aus republikanischen Staaten bestehen.

Da der Geist der Monarchie nur im Krieg und der Vergrößerung liegt und der Geist einer Republik im Friede und der Mäßigung, können beide gezwungenerweise in einem Staatenbund nur nebeneinander bestehen.

4.9.3. Drittes Kapitel (Seite 113)
Andere Erfordernisse des Staatenbundes.

Muster für einen schönen Staatenbund gibt es einige. Wichtig ist, dass in einer Republik die Provinzen kein Bündnis eingehen dürfen, ohne die Zustimmung der anderen. Auch sind die Staaten in einem Bündnis unterschiedlich groß. In der einen Republik hat jede Provinz, egal wie groß, nur je eine Stimme im Bündnis, z. B. die holländische Republik. In der anderen Republik stuft man je nach Größe die Stimmen im Bündnis ein (Lykien).

4.9.4. Sechstes Kapitel (Seite 114/115)
Von der Verteidigungsstärke der Staaten im Allgemeinen.

Damit ein Staat lebenskräftig sein kann, muss seine Größe so sein, dass zwischen der Schnelligkeit beim Angriff eines Gegners die Geschwindigkeit der Verteidigung bzw. Vereitlung des Angriffs kein Unterschied besteht. Die Weisheit liegt darin, wenn man seine Macht vergrößern will, um die Nachteile der Kleinheit zu beseitigen, muss man auch die Nachteile der kommenden Größe im Auge behalten.

4.9.5. Achtes Kapitel (Seite 116)
Ein Fall, in welchem die Verteidigungsstärke eines Staates geringer ist als seine Angriffsstärke.

Diejenigen Staaten, die ihre Heere in die Ferne entsenden, sind umso leichter im eigenen Land überwindbar. Sie schwächen sich dadurch selbst, es sei den, dass es ebenfalls ein Land ist, welches ebenfalls seine Heere in die Ferne schickt.

4.9.6. Neuntes Kapitel (Seite 116)
Von der bedingten Stärke der Staaten.

Ein Staat muss sich hüten, dass er seine Größe nicht vermindert, indem er seine tatsächliche Größe zu steigern sucht.

4.9.7. Zehntes Kapitel (Seite 117)
Von der Schwäche der Nachbarstaaten.

Hat man einen Nachbarstaat, der im Verfall begriffen ist, so muss man sich hüten, seinen Untergang zu beschleunigen. Man würde sich in dieser Beziehung in keine gute Lage befinden. Erobert man einen solchen Staat, gewinnt man selten so viel an wirkliche Macht, wie man an bedingter Macht verliert.

4.10. Zehntes Buch (Seite 117 - 130)
Von den Gesetzen in ihrer Beziehung zu der Angriffsstärke.

4.10.1. Erstes Kapitel (Seite 117)
Von der Angriffsstärke.

Die Angriffsstärke unterliegt der Regelung durch das Völkerrecht, welches das Staatsrecht der Völker in ihren wechselseitigen Beziehungen bildet.

<u>4.10.2. Zweites Kapitel</u> (Seite 117/118)
<u>Vom Kriege.</u>

Das Leben der Staaten ist dem der Menschen gleich zu setzen. Daraus ergibt sich das Recht, im Falle der Notwehr zu töten. Dasselbe gilt aber auch, wenn es um die Selbsterhaltung eines Staates geht. Selbsterhaltung ist aus dem Naturrecht abgeleitet.

<u>4.10.3. Drittes Kapitel</u> (Seite 118 - 120)
<u>Von dem Eroberungsrechte.</u>

Wenn durch Krieg ein Volk unterworfen ist, richtet sich das Recht des Eroberers nach vier Arten von Gesetzen:

1. Naturgesetz, welches nach Selbsterhaltung strebt.
2. Gesetz der natürlichen Vernunft, welches verlangt, dass wir den anderen so behandeln, wie wir es zu werden wünschen.
3. Gesetz der staatlichen Vereinigung, deren Dauer unbeschränkt ist.
4. Eroberung heißt Erwerbung. Dieser Begriff enthält die Erhaltung und Benutzung, aber nicht die einer Zerstörung.

Hat man einen Staat erobert, behandelt man ihn auf vier Weisen:

1. Man regiert nach seinen Gesetzen weiter und übernimmt nur die Ausübung der politischen und bürgerlichen Regierung.
2. Er kann auch eine neue politische und bürgerliche Regierung einsetzen.
3. Man zerstört den staatlichen Verband und teilt Teile unter den anderen auf.
4. Man rottet alle Bürger aus.

Die erste Weise entspricht dem Völkerrecht und muss entsprechend der bestehenden Vernunft, der Religion, unserer Philosophie und unseren Sitten erfolgen. Ein Eroberer hat nicht das Recht, die Gesellschaft zu vernichten, woraus man glaubt, auch die Menschen vernichten zu müssen. Aus der Vernichtung einer Gesellschaft muss nicht die Vernichtung der Menschen folgen. Eine Gesellschaft, welche die Vereinigung von Menschen bedeutet, ist nicht gleichbedeutend mit den Menschen. Der Bürger kann zugrunde gehen, doch der Mensch bleibt erhalten. Der Zweck einer Eroberung ist die Erhaltung. Eine Knechtschaft ist niemals Zweck der Eroberung. Allerdings kann es vorkommen, dass sie nie ein notwendiges Mittel zum Zweck der Erhaltung ist. Es ist aber gegen die Natur der Sache, diese Knechtschaft zu einer Dauernden zu machen. Der Eroberer muss daher sich immer Mittel vorbehalten, um sie wieder daraus hervortreten zu lassen.

4.10.4. Viertes Kapitel (Seite 120/121)
Einige Vorteile des unterworfenen Volkes.

Man hätte besser getan, anstatt einer verhängnisvollen Folgerung durch eine Eroberung über die Vorteile zu sprechen, die es einem besiegten Volk bringen kann. In Staaten, wo der Verfall eingetreten ist, wo Gesetze nicht mehr ausgeführt werden und die Regierung die Bürger unterdrückt, kann es keinen Zweifel geben, dass ein solcher Staat aus der Eroberung einigen Gewinn und einige Vorteile zieht. Vorausgesetzt, dass die Eroberung nicht ganz zerstörend wirkt. Die Aufgabe eines Eroberers ist es, dass ein Teil der verursachten Übel wieder gut zu machen sind. Ansonsten lässt man eine ungeheure Schuld zurück, die man zu zahlen hat, im Namen der Menschheit.

4.10.5. Sechstes Kapitel (Seite 121/122)
Von einer Republik, welche erobert.

Wenn ein Staat, der an eine Bundesverfassung gebunden ist,

einen anderen erobert, verstößt er gegen die Natur der Sache. Es verstößt auch gegen die Natur der Sache, wenn eine demokratische Republik Städte erobert, die nicht in den Bereich ihrer Demokratie eintreten können. Das Volk, welches erobert wurde, muss die Vorrechte der Souveränität genießen können. Mit solchen Eroberungen durch eine Demokratie ist ein weiteres Übel verbunden. Es wird von den Unterworfenen gehasst, da es härter vorgeht als gewohnt. Sie befinden sich in einer traurigen Lage, da sie keinerlei Vorteile genießen. Damit hat der Eroberer die Pflicht, bestehende Übelstände durch Staatsrecht und durch bürgerliche Gesetze wieder gut zu machen.

4.10.6. Elftes Kapitel (Seite 124)
Von den Sitten des besiegten Volkes.

Bei einer Eroberung genügt es nicht, dass man der besiegten Nation ihre Gesetze lässt. Notwendiger ist es, ihnen ihre Sitten zu lassen, da es sie mehr kennt als seine Gesetze. Dass bedeutet für den Eroberer, der ebenfalls bestimmte Sitten mitbringt, sich zurückzuhalten.

4.11. Elftes Buch (Seite 130 - 158)
Von den Gesetzen, welche die politische Freiheit in ihrer Beziehung zu der Verfassung begründen.

4.11.1. Erstes Kapitel (Seite 130)
Allgemeine Gedanken.

Unterschied zwischen den Gesetzen der politischen Freiheit zur Verfassung und den Gesetzen, die in Beziehung zum Bürger stehen. Die Gesetze der politischen Freiheit sind Gegenstand des ersten Buches, die Letzteren werden im folgenden Buch behandelt.

<u>4.11.2. Zweites Kapitel</u> (Seite 130/131)
<u>Verschiedene Bedeutung, die dem Worte Freiheit gegeben werden.</u>

Kein anderes Wort hat die Gemüter der Menschen mehr berührt wie dieses Wort „Freiheit". Man hat es gebraucht für eine leichtere Absetzbarkeit für denjenigen, dem man eine tyrannische Gewalt übertragen hat. Man gebraucht es für die Befugnis, ein Oberhaupt zu wählen. Für andere wurde es gebraucht, für das Recht Waffen zu tragen und Gewalttätigkeiten verüben zu können. Andere haben es als Vorrecht gebraucht, um nur von einem Mann aus dem Volke regiert zu werden oder durch ihre eigenen Gesetze regiert zu werden. Dann hat man es mit einer Regierungsform verknüpft, wo die anderen Regierungsformen ausgeschlossen werden. Als Ergebnis kann gesagt werden, dass jeder die „Freiheit" als die Regierungsform gewählt hat, die seinen Gewohnheiten und Neigungen am besten entspricht. Da aber in einer Demokratie es den Anschein hat, dass hier das Volk beinahe tun darf, was es will, hat man in dieser Regierungsart die Macht des Volkes mit der Freiheit des Volkes verwechselt.

<u>4.11.3. Drittes Kapitel</u> (Seite 131)
<u>Was die Freiheit ist.</u>

In einer Demokratie kann das Volk scheinbar tun, was es will. Aber eine politische Freiheit besteht nicht darin, tun zu können, was man will. Sondern es muss in einem Staat oder einer Gesellschaft, die von Gesetzen geregelt wird, der Grundsatz gelten, alles Tun zu dürfen, was einem das Gesetz erlaubt. Es muss jedem klar werden, was Unabhängigkeit und Freiheit bedeutet. Freiheit ist das Recht, alles tun zu dürfen, was im

- 69-

Rahmen der Gesetze liegt. Wenn man aber einem zuspricht, etwas tun zu dürfen, was sie verbieten, so hört seine Freiheit auf, weil die anderen dieselbe Befugnis hätten.

4.11.4. Viertes Kapitel (Seite 131/132)
Fortsetzung desselben Gegenstandes.

Politische Freiheit ist nur vorhanden, wenn man die Gewalt nicht missbraucht. Unsere Erfahrung hat uns bisher gelehrt, dass jeder Mensch dazu geneigt ist, die Gewalt, die er besitzt, zu missbrauchen, bis er Schranken findet. Um dies vorzubeugen, muss man die Dinge ordnen, damit man sie im Zaum hält. Das kann das Gesetz regeln.

4.11.5. Fünftes Kapitel (Seite 132)
Von dem Zweck der verschiedenen Staaten.

Im Allgemeinen haben die Staaten den gleichen Zweck, nämlich ihre Selbsterhaltung. Aber jeder Staat hat auch einen besonderen Zweck für sich. Bei dem einen ist es der Handel, bei dem anderen die Schifffahrt usw. Nun gibt es aber ein Volk, wo die politische Freiheit zum unmittelbaren Zweck seiner Verfassung gemacht wird.

4.11.6. Sechstes Kapitel (Seite 132 - 141)
Von der Verfassung Englands.

In jedem Staat gibt es drei Arten von Gewalten. Einmal die gesetzgebende Gewalt, auch Legislative genannt. Sie wird ausgeführt von einem Fürsten oder der Obrigkeit. Sie erlässt Gesetze für eine bestimmte Zeit oder für immer. Die bestehenden Gesetze werden verbessert oder sogar abgeschafft. Zum anderen gibt es die Ausführende Gewalt, auch Exekutive genannt. Sie teilt sich bei Montesquieu einmal in die ausführende Gewalt in

Angelegenheiten, die das Völkerrecht betreffen. Hier schließt man Frieden oder führt einen Krieg und hält die Sicherheit aufrecht und verhindert Einfälle. Und in die ausführende Gewalt in Angelegenheiten, die das bürgerliche Recht betreffen. Er nennt es die richterliche Gewalt, auch Judikative genannt. Hier werden Verbrechen gestraft und Streitigkeiten der Einzelnen richterlich gehört. Die politische Freiheit eines Bürgers ist der Glauben an die eigene Sicherheit. Damit diese gewährleistet ist, muss eine Regierung so gut arbeiten, dass kein Bürger einen anderen Bürger zu fürchten hat. Wenn aber in der Legislative und in der Exekutive dieselben Personen oder Körperschaften der Obrigkeit sich darin befinden, gibt es keine Freiheit. Auch die Judikative muss von der Legislative und der Exekutive getrennt sein, sonst gibt es keine Freiheit. Wäre sie mit der Legislative verbunden, so wäre dies eine willkürliche Macht gegenüber dem Bürger. In diesem Fall wäre der Richter auch gleich Gesetzgeber. Wäre sie mit der Exekutive verbunden, so hätte der Richter die Macht zur Bedrückung. Die drei Gewalten, Gesetze zu machen, öffentliche Beschlüsse auszuführen und über Streitigkeiten des Einzelnen zu richten, müssen separat von Personen oder Körperschaften ausgeführt werden, die keinerlei Verbindung zu anderen Gewalten haben dürfen. Sonst wäre die Macht dieselbe und es wäre alles verloren. Hält man die ersten zwei Gewalten in einer Hand, nennt er es eine gemäßigte Regierung. Hält man alle drei Gewalten in einer Hand, ist es Despotismus. Dadurch kann man durch allgemeine Vorschriften den Staat verwüsten und richterlich den Bürger vernichten. Es gibt hier nur eine Macht, die man in jedem Augenblick fühlt. Montesquieu setzt aber despotische Staaten nicht gleich. Unterschiede gibt es. Die Menge der Beamten macht eine Behörde milder, da es hier unterschiedliche Pläne gibt und verschiedene Abteilungen, die sich einander mäßigen. Ein größeres Übel ist jedoch, wenn alles in den verschiedenen Gewalten geteilt ist und dieselben Körperschaften in allen Gewalten vorzufinden sind. Damit wird die Macht eine und dieselbe. Die richterliche Gewalt muss aus Personen bestehen, die aus der Mitte des Volkes entnommen werden. Diese bilden ein Gericht, welches nur so lange dauert, wie es die Notwendigkeit erfordert. Damit wird die richterliche Gewalt, die unter den Menschen gefürchtet ist, bedeutungslos und unsichtbar. Die Personen der richterlichen Gewalt gehören keinem bestimmten Stand an oder üben einen bestimmten Beruf aus. Bei wichtigen Anklagen hat der Angeschuldigte freie Richterwahl. Bei den anderen Gewalten können es Beamte oder andere Körperschaften sein, da sie sich nicht gegen einen Einzelnen richten. Sie sind Vertreter des allgemeinen Staatswillens, wo dieser Staatswille auch in der Ausführung liegt. Urteile müssen immer dem Gesetz entsprechen. Die Gerichte sind bei Montesquieu nicht fest bestimmt. Die Urteile jedoch müssen genau dem Wortlaut der Gesetze entsprechen. Montesquieu geht sogar so weit, dass die Richter vom selben Stande sein müssten wie die des Angeschuldigten. Damit, meint er, wenn jemand aus einem anderen Stand kommt, wird die Meinung vertreten, er könne mir Gewalt antun. Da das Volk selber nicht die Legislative sein kann und es nicht sich selbst regieren kann, müssen es Vertreter sein, die diese Arbeit verrichten können. Auch müssen Vertreter aus den einzelnen Landstrichen präsent sein, da sie sich in ihrem Orte besser auskennen. Der große Vorzug solcher Vertreter besteht darin, dass sie in der Lage sind, die anstehenden Angelegenheiten gut zu verhandeln. Das Volk ist dazu nicht geeignet. Das ist ein Hauptübelstand der Demokratie. Es ist nicht nötig, dass Vertreter allgemeine Anweisungen für einzelne Angelegenheiten vom

Volke bekommen. Die Stimme des Volkes kommt zwar mehr zum Ausdruck, kann aber auch zu mehr Verzögerungen führen, da hier die Abgeordneten zum Herrn aller anderen gemacht werden und die ganze Kraft einer Nation durch eine Laune lahmgelegt werden kann. Was unbedingt notwendig ist, dass die Volksvertretungen ihren Auftraggebern auch Rechenschaft ablegen müssen. Das Volk soll nur in die Regierung eingreifen, wenn es um die Wahl seiner Vertreter geht. Es darf auch nicht in die vertretende Körperschaft eingreifen, um einen unmittelbar wirksamen Beschluss zu fassen. Aufgabe der Vertreter des Volkes ist es, Gesetze zu erlassen und darauf zu achten, dass die bestehenden Gesetze auch gut ausgeführt werden. Von den drei Gewalten ist die Judikative gegenstandslos. Die Legislative und die Exekutive bedürfen zu ihrer Mäßigung einer regelnden Gewalt. Für Montesquieu gibt es zwei verschiedene Interessengruppen. Einmal das Volk und zum anderen die Adligen. Da die Adelskörperschaft aus ihrer Natur heraus versucht, ihre Sonderrechte zu bewahren, entstehen auch ganz bestimmte Sonderinteressen, bei denen man an einer Korruption höchst interessiert ist und dabei die Interessen des Volkes vergisst. Deshalb darf sie nur an der Gesetzgebung durch ihr Verhinderungsrecht teilhaben und nicht durch Entscheidungsrecht. Unter Verhinderungsrecht versteht er das Recht, einen Beschluss von einem anderen unwirksam zu machen. Unter Entscheidungsrecht versteht er das Recht, selbst Verordnungen zu beschließen oder was ein anderer verordnet hat, zu ändern. Die exekutive Gewalt muss in der Hand eines Monarchen liegen, da hier unverzüglich gehandelt werden muss und dies von einer Person besser besorgt werden kann als von mehreren Personen. Bei der legislativen Gewalt hingegen ist es besser, wenn es von mehreren Personen angeordnet wird. Es gibt keine Freiheit mehr, wenn Personen oder Interessengruppen in beiden Gewalten vorzufinden sind. Wenn die legislative Gewalt in einer größeren Zeitspanne nicht zusammentritt und dadurch keine gesetzlichen Beschlüsse gefasst werden, besteht die Gefahr, dass der Staat in eine Anarchie gestürzt wird. Werden die Beschlüsse von der exekutiven Gewalt gefasst, wäre es absolutistisch. Aber auch eine ständige Tagung wäre unnütz, da es für die Repräsentanten lästig werden würde und die exekutive Gewalt dadurch zu stark beschäftigt wird. Wenn die legislative Gewalt ununterbrochen versammelt bliebe, kann es so weit kommen, dass neue Deputierte nur noch an eine Stelle herankommen, wenn die Alten wegsterben. Wenn das Volk die legislative Gewalt in ihrer Korruption vor sich sieht und stets die Gleiche bleibt, würde es entweder aufsässig werden oder in Gleichgültigkeit verfallen. Die legislative Gewalt darf auch nicht auf eigenen Wunsch zusammentreten, da ein eigener Wille erst im Moment des Zusammentritts zugebilligt wird. Wenn sie sich nicht einmütig versammelt, weiß man am Ende nicht, welcher Teil die legislative Körperschaft darstellt, den versammelten Teil oder den nicht versammelten Teil. Die ausführende Gewalt muss das Recht haben, die Unternehmungen der gesetzgebenden Gewalt aufzuhalten. Hätte sie kein Recht dazu, würde sie despotisch werden, um über die anderen Gewalten zu herrschen. Die gesetzgebende Gewalt dagegen braucht nicht das Recht, die ausführende Gewalt zu hindern, da sie von ihrer Natur her natürliche Grenzen besitzt. In einem freien Staat hat sie aber das Recht der Überprüfung, in welcher Art und Weise die Gesetze ausgeführt werden. Sie darf auch nicht über die ausführende Person zu Gericht sitzen. Das ist für den Staat notwendig, damit die Legislative nicht tyrannisch wird. Nun kann die ausführende Person nicht alles alleine tun. Er hat Berater, die als Minister die

Gesetze hassen. Diese boshaften Minister müssen ermittelt und bestraft werden. Der richterliche Teil darf im Allgemeinen nicht mit der Legislative vereinigt werden. Ausnahme ist derjenige, der vor Gericht steht. Sie müssen von Ihresgleichen (Stand) gerichtet werden, um ein ordentliches Urteil sprechen zu können. Es gäbe auch keine Freiheit mehr, wenn ein Monarch ein Entscheidungsrecht an der Gesetzgebung hat. An der Gesetzgebung muss er allerdings teilhaben, um sich selbst zu rechtfertigen. Darum hat er ein Verhinderungsrecht. Nun kann dies zur Meinung führen, dass dieser Zustand einen Stillstand oder eine Bewegungslosigkeit herbeiführen kann. Montesquieu sagt, dies wird verhindert durch den notwendigen Fortgang der Dinge. Dadurch ist man notgedrungener maßen gezwungen, im gleichen Schritt nach vorne zu gehen. Die Exekutive hat bei Beschlüssen der Legislative nur ein Verhinderungsrecht. Sie kann Beschlüsse, die gegen ihren Willen eingebracht werden, zurückweisen. Wenn die Exekutive bei der Erhebung der öffentlichen Abgaben (Staatsgelder) anders als bloß zustimmend mitwirkt, hört die Freiheit auf, weil sie damit den wichtigsten Teil der Gesetzgebung in die Hand bekäme. Die Legislative sollte die öffentlichen Abgaben von Jahr zu Jahr beschließen und nicht auf Dauer. Denn dann würde sie ihre Freiheit verlieren, weil die Exekutive dann nicht mehr von ihr abhängig ist. Hätte man ein solches Recht für immer, wäre es ziemlich egal, ob man es sich selbst oder einem anderen verdankt. Dasselbe trifft für die Armee zu. Eine Armee darf nicht unmittelbar von der Legislative abhängig sein, sondern vielmehr von der Exekutive. Dies liegt in der Natur der Sache, eine Armee muss handeln und nicht beratschlagen. Auch wird die Armee einen Senat verachten, da sie auf ihre Offiziere hören wird. Ist die Armee von der Legislative abhängig, wird früher oder später die Regierung selbst militärisch werden.

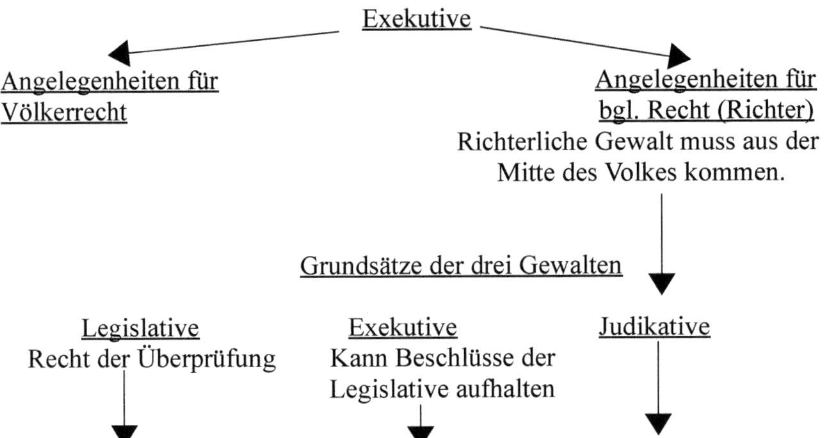

Fürst oder Obrigkeit = Legislative
- Hat in einem freien Staat das Recht der Überprüfung.
- Fürst kann nicht alles alleine machen. Braucht daher Minister. Boshafte Minister müssen ermittelt werden.
- Monarch hat kein Entscheidungsrecht an der Gesetzgebung, darf aber Teilhaben = Verhinderungsrecht.

Müssen separat von Personen oder Körperschaften ausgeführt werden. In der Legislative und Exekutive dürfen nicht dieselben Personen oder Körperschaften sich befinden. Wenn ja, dann keine Freiheit, da es eine willkürliche Macht gegenüber den Bürger darstellt.
Hat man zwei Gewalten in der Hand = gemäßigte Regierung.
Hält man alle drei Gewalten in einer Hand = Despotismus.
Großes Übel, wenn dieselben Körperschaften in allen Gewalten vorzufinden sind.
Das Volk kann selber nicht Legislative sein, braucht daher Vertreter. Diese Vertreter müssen gegenüber dem Volk Rechenschaft über ihre geleistete Arbeit abgeben.

Zwei Interessengruppen
Adlige und Volk. Adlige vertreten Sonderinteressen. Bringt Korruption und Volk wird vergessen. Sieht das Volk die Legislative in Korruption, wird es Aufsässig oder Gleichgültig.
Armee muss von der Exekutive abhängig sein.

4.12. Zwölftes Buch (Seite 158 -180)
Von den Gesetzen, welche die politische Freiheit in ihrer Beziehung zu dem Bürger begründen.

4.12.1. Erstes Kapitel (Seite 158)
Gedanken dieses Buches.

Man darf nicht nur die politische Freiheit in seiner Beziehung zur Verfassung betrachten, sondern man muss auch die Beziehung der politischen Freiheit zum Bürger betrachten. Im ersten Fall beruht die politische Freiheit auf die Verteilung auf drei Gewalten. Im zweiten Fall sind andere Gesichtspunkte zu betrachten, denn hier besteht sie in der Sicherheit oder in dem Glauben, den man an seiner Sicherheit hat. Was ist, wenn die Verfassung frei und der Bürger unfrei ist? Genauso kann der Bürger frei sein und die Verfassung nicht. Die Beziehung der Freiheit zur Verfassung beruht auf die Bestimmungen der Gesetze. Vor allem der Grundgesetze. Aber die Beziehung zum Bürger kann aus Sitten, der Lebensweise, bestimmten Vorbildern und durch gewisse bürgerliche Gesetze begründet werden. Da in den meisten Staaten die Freiheit behindert, verletzt oder niedergetreten wird, als es die Verfassung erfordert, müssen wir von den besonderen Gesetzen sprechen, welche in jeder Verfassung das Prinzip der Freiheit schützen oder erschüttern kann.

4.12.2. Zweites Kapitel (Seite 159)
Von der Freiheit des Bürgers.

Philosophisch betrachtet besteht die Freiheit in der Ausübung seines Willens oder wenigstens in dem Glauben, dass man seinen Willen ausübt. Die politische Freiheit besteht in der Sicherheit oder wenigstens in dem Glauben, den man an seine Sicherheit hat. Diese Sicherheit wird niemals mehr angegriffen als bei den öffentlichen oder privaten Anklagen. Von der Güte der Strafgesetze hängt also vorzüglich die Freiheit des Bürgers ab. Die Strafgesetze müssen immer weiter vervollkommnet werden. Die Kenntnisse von den sichersten bei den Strafgerichten zu beachtenden Vorschriften, welche man in einigen Ländern erworben hat und in anderen erwerben wird, gehen die Menschheit mehr an als irgendetwas anderes auf der Welt. Nur auf deren Anwendung dieser Kenntnisse kann die Freiheit der Menschen begründet werden.

4.12.3. Drittes Kapitel (Seite 160)
Fortsetzung desselben Gegenstandes.

Wenn es Gesetze gibt, die es gestatten, dass man aufgrund einer Aussage eines Zeugen einen Menschen ins Verderben bringt, ist es für die Freiheit verhängnisvoll. Die Vernunft verlangt zwei Zeugen. Man hat einen Zeugen, der etwas behauptet, und einen Angeklagten, der die Sache leugnet. Damit herrscht Stimmungsgleichheit, die durch einen Dritten weggeräumt werden muss.

4.12.4. Viertes Kapitel (Seite 160 - 162)
Das die Freiheit durch die Natur der Strafen und ihre Angemessenheit begünstigt wird.

Es ist ein Triumph der Freiheit, wenn die Strafgesetze jede Strafe aus der besonderen Natur des Verbrechens abgeleitet werden. Die Strafe entspringt dann nicht mehr der Laune des Gesetzgebers, sondern aus der Natur der Sache. Damit hört alle Willkür auf. Es gibt vier Arten von Verbrechen:

1. Gattung = Religion

Wenn man die Religion unmittelbar angreift. Auch alle einfachen

Gotteslästerungen gehören dazu. Diese Vergehen stören die Ausübung der Religion, welche die Ruhe oder die Sicherheit der Bürger verletzt.

2. Gattung = Sitten

Verbrechen gegen die Sitten bestehen in der Verletzung der öffentlichen oder privaten Enthaltsamkeit. Gemeint sind hier Polizeivorschriften über die zulässige Art der Genüsse, welche mit der Befriedigung der sinnlichen Triebe und mit der Vereinigung der Geschlechter verbunden ist. Es sind hier nur die Verbrechen gemeint, welche nur die Sitten angehen. Diejenigen, die die öffentliche Sicherheit verletzen, sind nicht gemeint.

3. Gattung = Ruhe

Sind Verbrechen, die gegen die Ruhe der Bürger verstoßen. Die Strafen sind hier Gefängnis, Verbannung, Züchtigung oder andere Strafen. Durch diese Strafen sollen die unruhigen Geister bekehrt werden und zur bestehenden Ordnung zurückgeführt werden. Diese Verbrechen sind beschränkt auf die einfache Verletzung der Polizeigesetze.

4. Gattung = Sicherheit der Bürger

Hier sind Handlungen gemeint, welche die Ruhe stören und zur gleichen Zeit die Sicherheit der Bürger angreifen. Ein Bürger verdient den Tod, wenn er jemanden das Leben genommen hat oder es versucht hat. Die Todesstrafe ist das Heilmittel einer kranken Gesellschaft. Auch wenn das Vermögen angegriffen wird, können Gründe vorliegen, welche die Todesstrafe nach sich ziehen. Es wäre allerdings besser und naturgemäßer, wenn Verbrechen gegen die Sicherheit des Vermögens mit dem Verlust des Vermögens bestraft würden. Diese Dinge sind alle aus der Natur geschöpft und sind der Freiheit des Bürgers sehr förderlich.

4.12.5. Zwölftes Kapitel (Seite 167/168)
Von unbedeutsamen Reden.

Es sind hier unbedeutsame Reden der Gegenstand, welche der Auslegung unterworfen ist. Es ist ein großer Unterschied zwischen Unbedeutsamkeit und Böswilligkeit.

4.12.6. Dreizehntes Kapitel (Seite 169)
Von den Schriften.

Schriften enthalten etwas Beständiges als das gesprochene Wort. Satirische Schriften sind in despotischen Staaten unbekannt. Es herrscht dort Mutlosigkeit und Unwissenheit. Zudem fehlt es an Talent und Willen. In der Demokratie werden sie aus denselbem Grunde nicht verhindert, aus welchen sie in der Regierung eines einzelnen Verboten werden. Nun sind diese Schriften gewöhnlich gegen die mächtigen und herrschenden Leute verfasst. Damit schmeicheln sie in der Demokratie der Missgunst des regierenden Volkes. In der Monarchie werden sie verboten. Man macht sie allerdings mehr zum Gegenstand eines Polizeivergehens als eines Verbrechens. In der Aristokratie werden satirische Werke am strengsten verbannt. Schießt man in der Monarchie einen Pfeil gegen den Monarchen ab, so gelangt der Pfeil gar nicht erst bis zu ihm, da er zu hoch steht. Der aristokratische Würdenträger wird jedoch vom Pfeil vollständig getroffen.

4.12.7. Achtzehntes Kapitel (Seite 172/173)
Wie gefährlich es in Republiken ist, das Majestätsverbrechen zu sehr zu bestrafen.

Gelingt es einer Republik, die Umstürzler zu vernichten, so muss sie sich beeilen, mit den Verfolgungen, den Strafen und den Belohnungen aufzuhören. Außerdem sollte man so schnell wie möglich zum gewöhnlichen Regierungsgange zurückkehren, wo die Gesetze alles Schützen und niemanden bedrohen.

4.12.8. Neunzehntes Kapitel (Seite 173)
Wie man den Gebrauch der Freiheit in der Republik zeitweise außer Kraft setzt.

Jene Staaten, wo auf die Freiheit der meiste Wert gelegt wird, bestehen Gesetze, welche die Freiheit gegen einen einzelnen verletzen, um sie für alle zu bewahren. Es gibt aber Fälle, wo man für einen Augenblick einen Schleier über die Freiheit werfen muss.

4.12.9. Zwanzigstes Kapitel (Seite 174)
Von den Gesetzen, welche der Freiheit des Bürgers in der Republik förderlich sind.

In Volksstaaten ist es erlaubt, jeden anzuklagen, wen man will. Daher mussten besondere Gesetze zum Schutz unschuldiger Bürger eingeführt werden.

4.12.10. Einundzwanzigstes Kapitel (Seite 174/175)
Von der Grausamkeit der Gesetze gegen die Schuldner in den Republiken.

Ein Bürger verschafft sich eine ziemlich große Überlegenheit über einen anderen Bürger, wenn er ihm eine Geldsumme leiht. Der andere nimmt sie auf, um sie dann wieder auszugeben. Die Folge ist, er besitzt das Geld nicht mehr. Was soll aus einer Republik werden, wenn die Gesetze eine solche Abhängigkeit noch vergrößern.

Von den Beziehungen der Steuererhebung und der Größe der Staatseinkünfte zur Freiheit.

4.13.1. Erstes Kapitel (Seite 180/181)
Von den Einkünften des Staates.

Steuereinnahmen sind ein Teil des Vermögens, die der Bürger hergibt, um es sicher zu besitzen oder auf angenehmerweise zu genießen. Um die Steuereinnahmen richtig festzulegen, muss man auf die Bedürfnisse des Staates und auf die Bürger Rücksicht nehmen. Auf keinen Fall darf man dem Volk von seinen wirklichen Bedürfnissen nichts wegnehmen für die eingebildeten Bedürfnisse des Staates. Eingebildete Bedürfnisse sind abzuleiten aus den Leidenschaften und Schwächen der Regierenden, einem krankhaften Ehrgeiz nach Ruhm, launenhafte Einfälle und dem Reiz von außerordentlichen Plänen. So mancher Regierende hält seine Bedürfnisse für die Bedürfnisse des Staates. Steuereinnahmen erfordern mehr Weisheit und Klugheit. Denn immerhin handelt es sich um denjenigen Teil, den man den Bürger nimmt und den Teil, dem man ihn lässt. Auf keinen Fall dürfen die öffentlichen Einkünfte danach gemessen werden, was das Volk geben kann, sondern es muss danach bemessen werden, was das Volk geben muss. Wenn man aber danach versucht, Steuereinnahmen festzulegen, was das Volk geben kann, so muss es danach geschehen, wo es auch in der Lage ist, dies immer zu geben.

4.13.2. Zweites Kapitel (Seite 181)
Es ist ein schlechtes Urteil, wenn man sagt, dass hohe Abgaben an sich gut seien.

Aus der Armut von kleinen Staaten hat man geschlossen, dass das

Volk schwere Lasten bringen muss. Man hätte besser daran getan, wenn man daraus die Kenntnis gewonnen hätte, dass solche Bürden zu vermeiden gewesen wären. Die Mühen und die Arbeitsamkeit müssen sich lohnen. Wenn man aber mit willkürlicher Gewalt dieses Prinzip aufhebt oder ignoriert, stellt sich eine Abneigung der Arbeit ein und die Untätigkeit wird zum einzigen Gut.

<u>4.13.3. Siebentes Kapitel</u> (Seite 183/184)
<u>Von den Abgaben in den Ländern, wo die Leibeigenschaft nicht besteht.</u>

Wie sieht Montesquieu eine gerechte Verteilung der Steuern? Das Verhältnis zum Vermögen wäre eine Möglichkeit der Steuerabgaben. Es geht aber auch im Verhältnis zu den Bedürfnissen. Jeder Mensch hat den gleichen notwendigen Lebensbedarf, der aus diesem Grund nicht besteuert werden darf. Danach kommt das Nützliche, welches besteuert werden darf. Es darf aber wiederum nicht so hoch besteuert werden wie das Überflüssige. Die steuerlichen Abgaben für das Überflüssige müssen so hoch sein, dass sie den Überfluss verhindern. Es kommen aber immer Ungerechtigkeiten vor. Sind die Abgaben so angelegt, dass dem Volk ein reichliches Auskommen gelassen wird, sind die Ungerechtigkeiten bedeutungslos. Wenn man aber dem Volk nur das lässt, was es zum Leben braucht, werden Ungerechtigkeiten und Missverhältnisse von größter Bedeutung wirksam. Wenn einige Bürger nicht genug bezahlen, leidet der Staat durch ihre Schädigung. Wenn der Staat aber es dem Vermögen der einzelnen Bürger anpasst, so wird es auch die Wohlhabenheit steigern. Am besten sind die Steuern auf Waren. Hier merkt der Bürger die Steuerabgabe am wenigsten, da er es mit dem Preis verwechselt. Um die Bürger zur Steuer heranzuziehen, sind immer Nachuntersuchungen notwendig.

4.13.4. Achtes Kapitel (Seite 184/185)
Wie man die Täuschung erhält.

Der Steuerzahler sieht nur den Preis einer Ware, obwohl die Steuer mit enthalten ist. Diese Täuschung funktioniert nur, wenn ein gewisses Verhältnis zwischen der Ware und der erhobenen Steuer gewahrt wird. Man darf auf ein Lebensmittel, welches einen geringen Wert hat, keine übermäßige Steuer verlangen. Ist die Steuer z. B. das siebzehn oder achtzehnfache höher als der Wert der Ware, geht die Täuschung verloren und das Volk sieht, dass es auf eine unvernünftige Weise regiert wird. Muss eine Steuer erhoben werden, welche wenig im Verhältnis zum Wert der Sache steht, sollte man die Sache selber verkaufen, damit das Volk diese nicht anderwärts kaufen kann. Ansonsten kommt Schleichhandel auf, der sehr gewinnbringend ist. Hier reicht die Einziehung der Ware nicht mehr aus, um ihn zu verhindern, da es meist Waren mit einem geringen Preis sind.

4.13.5. Zwölftes Kapitel (Seite 186/187)
Beziehung der Größe der Abgaben zur Freiheit.

Die allgemeine Regel ist, dass die Freiheit in den gemäßigten Staaten die Entschädigung für die Last der Steuern ist. In despotischen Staaten ist der Ersatz für Freiheit eine geringe Steuer. In gewissen Monarchien in Europa gibt es Provinzen, die in einer besseren Lage sich befinden als andere Provinzen. Dies liegt an der politischen Regierung. Aus diesem Grund denkt man, dass sie aufgrund der bestehenden Regierung nicht genug bezahlen, obwohl man hier mehr bezahlen könnte. Man will ihnen diese Regierung nehmen, welche den Wohlstand hervorbringt, der sich überall hin verbreitet und man sich an ihm noch mehr erfreuen sollte.

4.13.6. Dreizehntes Kapitel (Seite 187)
In welchen Regierungen die Abgaben eine Vermehrung ertragen können.

In den meisten Republiken kann man die Abgaben steigern. Warum? Erstens hat man die Möglichkeit, mehr Abgaben zu leisten, und zweitens ist der Glaube da, dass man an sich selbst zahlt. In einer Monarchie kann er die Abgaben erhöhen, weil eine gemäßigte Regierung Reichtum verschaffen kann und der Monarch Achtung vor dem Gesetz zeigt. In despotischen Staaten kann man dagegen die Abgaben nicht steigern.

4.13.7. Fünfzehntes Kapitel (Seite 188)
Missbrauch der Freiheit.

Die Vorteile der Freiheit führten zum Missbrauch der Freiheit, weil man hohe Steuern einnahm. Man hat übertrieben einnehmen wollen. Die Freiheit hat das Übermaß an Abgaben hervorgebracht. Übermäßige Abgaben führen Unfreiheit herbei, den diejenigen, die diese hohen Abgaben beschließen, reden von ihren Bedürfnissen und nie von den Bedürfnissen des Volkes. Aus einer unverzeihlichen Sorglosigkeit heraus, welches einige Minister an den Tag legen, zieht das Volk jenen Vorteil, nicht beständig mit neuen Forderungen überschüttet zu werden. Man macht dort keine Pläne, deshalb steigen auch nicht die Abgaben. Schlimmer sind halb fertige Entwürfe. Minister sollten unternehmende Männer sein, die richtige Mittel und Wege finden.

4.13.8. Siebzehntes Kapitel (Seite 189)
Von der Vermehrung der Truppen.

Eine neue Krankheit in Europa ist die zahlenmäßige Vermehrung der Truppe. Sie verschlimmert die Lage insgesamt, den sobald ein Staat seine Truppe vermehrt, so geschieht dies sogleich auch in anderen Staaten.

4.13.9. Achtzehntes Kapitel (Seite 190)
Von dem Erlass der Abgaben.

Ein gut regierter Staat muss von seinen Ausgaben immer eine bestimmte Summe für unvorhergesehene Fälle zurücklegen.

4.14. Vierzehntes Buch (Seite 192 -204)
Die Gesetze in ihrer Beziehung zu der Natur des Klimas.

4.14.1. Erstes Kapitel (Seite 192)
Allgemeiner Gedanke.

Sollte es wahr sein, dass die geistige Veranlagung und die Leidenschaften des Herzens durch die verschiedenen klimatischen Bedingungen äußerst verschieden sind, so müssen auch die Gesetze zu diesem in Beziehung stehen.

4.14.2. Zweites Kapitel (Seite 192 - 195)
Wie verschiedenartig die Menschen in den verschiedenen Himmelsstrichen sind.

Die kalte Luft zieht die Enden der äußeren Fasern des menschlichen Körpers zusammen. Die Spannkraft wird damit vergrößert und begünstigt die Rückkehr des Blutes nach dem Herzen. Dieser Vorgang stärkt die Fasern. In der warmen Luft erschlaffen die Enden der Fasern und verlängern sie. Dies vermindert ihre Stärke und Spannkraft. Der Mensch hat in kalten Gegenden lebend mehr Kraft. Dies bewirkt mehr Selbstvertrauen, mehr Mut, ein größeres Bewusstsein seiner Überlegenheit und einen größeren Glauben an seine Sicherheit. Man findet hier mehr Freimütigkeit und weniger Argwohn, List und Verschlagenheit. Man kann feststellen, das Völker in heißen Ländern furchtsam sind, die Völker in kalten Ländern mutig. Es ist wiederum so, dass die Menschen in kalten Ländern wenig Sinn für Freuden und Vergnügen empfinden. In den gemäßigten Ländern ist die Neigung dazu größer. Ihren höchsten Grad erreicht es in den heißen Ländern. Unterscheidet man die Himmelsstriche nach den Breitengraden, so kann man durchaus nach den Graden die Empfindlichkeit unterscheiden. Die Hitze des Klimas macht den Körper vollkommen kraftlos. Der Geist ermattet, es gibt keine Wissbegierde, keine edle Unternehmung und hochherzige Empfindung mehr. Alle Neigungen werden abgestumpft. Das Nichtstun ist hier ein Glück. Man erträgt die Strafen leichter als die geistige Tätigkeit und die Knechtschaft empfindet man nicht so unerträglich wie die Geistesanstrengung, die nötig ist, um sich selbst zu regieren.

4.14.3. Viertes Kapitel (Seite 196)
Grund der Unveränderlichkeit der Religion, der Sitten, Gebräuche und Gesetze in den Ländern des Orients.

Nehmen wir neben der Schwäche der Organe bei den Völkern des Orients eine gewisse geistige Trägheit hinzu, sehen wir, dass die Seele die einmal empfangenen Eindrücke nicht ändern kann. Dies ist der Grund, weshalb die Gesetze und Gebräuche heute noch im Orient dieselben sind wie vor tausend Jahren.

4.14.4. Sechstes Kapitel (Seite 197)
Von der Bebauung des Bodens in den heißen Ländern.

Die wichtigste Arbeit der Menschen ist die Bebauung des Bodens. Umso mehr das Klima die Menschen veranlasst, von der

Arbeit zu fliehen, umso mehr muss man sie mit Religion und Gesetzen dazu antreiben.

4.14.5. Siebentes Kapitel (Seite 197)
Von den Mönchstum.

Dieselben Übel verursacht dort das Mönchstum, welches in den heißen Ländern des Orients entstanden ist. Man neigt mehr zu einem beschaulichen Leben als zur Tätigkeit. In Asien scheint sich die Zahl jener mit der Hitze des Klimas zu vergrößern. In Ländern mit einer übermäßigen Hitze ist man voll von jenen. Der Unterschied dazu bildet Europa.

4.15. Fünfzehntes Buch (Seite 204 - 219)
Wie die Gesetze der bürgerlichen Sklaverei zu der Natur des Klimas in Beziehung stehen.

4.15.1. Erstes Kapitel (Seite 204/205)
Von der bürgerlichen Sklaverei.

Sklaverei ist im Grunde eine Rechtseinrichtung, welche es dem einen Menschen gestattet, einen anderen Menschen sich eigen zu machen. Dies ist von der Natur her nicht gut. In einer Demokratie sind Sklaven von der Gesetzgebung zuwider und Dienen nur dazu, dass der Besitzende sich Macht und Luxus verschafft, welchen er nicht haben dürfte.

4.15.2. Zweites Kapitel (Seite 205/206)
Ursprung des Rechts der Sklaverei nach den römischen Rechtsgelehrten.

Es ist falsch, dass es im Krieg erlaubt sei zu töten. Es sei den im Fall der Not. Wenn ein Mensch einen anderen Menschen zum

Sklaven gemacht hat, ist er nicht mehr in einer Notlage, um ihn zu töten. Das einzige Recht, was der Krieg über die Gefangenen geben kann, ist, dass man sich versichert, dass sie keinen Schaden anrichten können.

4.15.3. Neuntes Kapitel (Seite 210)
Von den Völkern, bei welchen die bürgerliche Freiheit allgemein besteht.

Man hört ständig die Meinung, dass es gut wäre, wenn es bei uns ebenfalls Sklaven gäbe. Um hierüber richtig Urteilen zu können, muss man folgenden Gesichtspunkt sehen. Sicherlich wären sie dem kleinen, reichen und genusssüchtigen Teil des Volkes nützlich. Aber ich Glaube, dass keiner von denen, die diesen Teil bilden, nicht darum losen möchten, ob sie zu dem freien Teil des Volkes oder zu dem geknechteten Teil gehören sollen. Diejenigen, die für die Sklaverei sprechen, würden die meiste Scheu davor haben und die unglücklichsten Menschen sein. Wer die Sklaverei vertritt, der ruft nach Luxus und Genusssucht und nicht nach Liebe für die öffentliche Glückseligkeit. Ob die Wünsche dieser Menschen berechtigt sind, heißt, die Wünsche aller zu prüfen.

4.15.4. Zehntes Kapitel (Seite 211)
Verschiedene Arten der Sklaverei.

Es gibt zwei Arten der Knechtschaft, die dingliche und die persönliche. Die Dingliche ist an den Grundbesitz gebunden. Hier liefert er dem Herrn eine bestimmte Menge Getreide, Vieh oder Stoffe. Weiter ging die Knechtschaft nicht. Die persönliche Knechtschaft ist an den häuslichen Dienst gebunden und bezieht sich mehr auf die Person des Herrn. Der äußerste Missbrauch der Sklaverei ist, wenn eine dingliche und eine persönliche zur gleichen Zeit herrscht, denn diese Menschen waren außer dem Hause und im Hause Kränkungen aller Art unterworfen. Diese unwürdige Unterwerfung verstößt gegen die Natur der Dinge. Einfacher ausgedrückt, die dingliche Sklaverei ist, wie es bei den einfachen Völkern war, wo Frauen und Kinder die Arbeiten im Hause verrichten. Bei den genusssüchtigen Völkern handelt es sich um eine persönliche Sklaverei. Denn hier verlangt der Luxus den häuslichen Dienst der Sklaven.

4.15.5. Elftes Kapitel (Seite 211)
Aufgabe der Gesetze in Bezug auf die Sklaverei.

Die bürgerlichen Gesetze müssen diesen Missbrauch und deren Gefahren beseitigen.

4.15.6. Zwölftes Kapitel (Seite 211/212)
Missbrauch der Sklaverei.

Es ist doch ein großes Leid, wenn der größte Teil eines Volkes nur dazu da ist, um den Willen des anderen zu Empfangen und in diesem Sinne zu dienen hat. Die Sklaverei soll den Nutzen und nicht der Wollust dienen.

4.15.7. Dreizehntes Kapitel (Seite 212/213)
Gefahr der großen Zahl von Sklaven.

In einer despotischen Regierung bereitet die Zahl der Sklaven kein großes Problem. Da alle einem unterworfen sind. In gemäßigten Staaten ist dies jedoch von großer Bedeutung. Die politische Freiheit macht in diesen Staaten die bürgerliche Freiheit sehr wertvoll. Diejenigen Menschen aber, die dieser Sache beraubt sind, entbehrt auch die bürgerliche Freiheit. Sie haben eine glückliche Gesellschaft vor ihren Augen, an der sie selber nicht teilhaben können. Sie Fragen sich, wieso besteht die

Sicherheit für die anderen und nicht für ihn. Sie sehen immer freie Menschen dessen Selbst sie es nicht sind. Diese Gruppe sind die natürlichen Feinde der Gesellschaft. Wächst ihre Menge, so wird sie wahrhaft gefährlich.

4.15.8. Sechzehntes Kapitel (Seite 214/215)
Vorsichtsmaßregeln, welche in der gemäßigten Regierung zu treffen sind.

Wie kann man dieser Sache vorbeugen? Da der Mensch sich an alles gewöhnt, auch an seine miese Lage, wenn der Herr nicht härter ist als seine Knechtschaft. Behandelt man diese Menschen mild, so gibt es kaum Sorge darüber, dass sie den Staat beunruhigen oder verändern wollen. Wenn ihnen aber das Gefühl der Menschlichkeit abhandenkommt, geht der Staat unruhige Zeiten entgegen. Ein weiser Gesetzgeber versucht daher alles, jene Dinge vorzubeugen, damit er kein furchtbarer Gesetzgeber werden muss.

4.15.9. Siebzehntes Kapitel (Seite 215/216)
Vorschriften, welche über das Verhältnis zwischen dem Herrn und dem Sklaven zu machen sind.

Der Sklave muss seine Kleidung und Nahrung haben. Sie müssen während ihrer Krankheit und ihres Alters gepflegt werden.

4.16. Siebzehntes Buch (Seite 230 - 236)
Wie die Gesetze der politischen Knechtschaft zu der Natur des Klimas in Beziehung stehen.

4.16.1. Erstes Kapitel (Seite 230)
Von der politischen Knechtschaft.

Die politische Knechtschaft hängt von der Beschaffenheit des Klimas ab.

4.16.2. Sechstes Kapitel (Seite 235)
Andere natürliche Ursache der Sklaverei Asiens und der Freiheit Europas.

In Asien hat man schon immer große Reiche vorgefunden, die in Europa niemals bestehen können. Das ist möglich, da in Asien größere Ebenen vorzufinden sind, die durch Gebirge und Meere in größere Landstriche geschnitten sind. Umso südlicher es liegt, umso mehr trocknen die Quellen leichter aus. Die Gebirge sind weniger mit Schnee bedeckt und die wasserärmeren Ströme bilden dort geringere Schranken. Aus diesem Grund muss in Asien die Macht immer eine despotische sein. Würde in Asien keine äußerste Knechtschaft bestehen, würde dies eine Teilung nach sich ziehen, welches wiederum die Natur des Landes nicht zulässt. Die natürliche Teilung in Europa ist geprägt von mehreren Staaten mit einer mäßigen Ausdehnung. Die Herrschaft der Gesetze ist mit der Erhaltung eines Staates günstiger. Kein Staat gerät in einen Verfall und bleibt hinter allen anderen zurück. Daraus ist ein Geist der Freiheit entstanden, der eine Unterjochung von Teilen erschwert und einer fremden Macht unterworfen wird, es sei denn durch die Gebote und den Vorteil seines Handels.

4.16.3. Siebentes Kapitel (Seite 235)
Von Afrika und Amerika.

Afrika hat ein ähnliches Klima, wie man es im südlichen Asien vorfindet mit der gleichen Knechtschaft. Amerika wurde durch die Völker Europas und Afrikas zerstört und neu bevölkert. Es kann seinen Geist heute noch nicht zeigen. Was wir aber aus seiner alten Geschichte wissen, stimmt mit unseren Grundsätzen überein.

4.16.4. Achtes Kapitel (Seite 235/236)
Von der Hauptstadt des Reiches.

Aus den bisher festgestellten Bedingungen folgt, dass es für einen großen Fürsten wichtig ist, den Sitz seiner Herrschaft gut auszuwählen. Errichtet er ihn im Süden, läuft er Gefahr, den Norden zu verlieren. Errichtet er ihn aber im Norden, wird er den Süden erhalten können.

4.17. Achtzehntes Buch (Seite 236 - 255)
Von den Gesetzen in ihrer Beziehung zu der Natur des Bodens.

4.17.1. Erstes Kapitel (Seite 236/237)
Wie die Natur des Bodens die Gesetze beeinflusst.

Eine gute Beschaffenheit des Bodens eines Landes führt naturgemäß die Abhängigkeit herbei. Die Landleute machen dort den größten Teil der Bevölkerung aus. Sie sind nicht so eifersüchtig auf ihre Freiheit, da sie zu beschäftigt mit ihren besonderen Angelegenheiten sind. Wenn ein Land jedoch einen Überfluss an Gütern hat, fürchtet es die Plünderung und dessen Armee. Deshalb befindet sich die Regierung eines Einzelnen häufig in fruchtbaren Ländern als in nicht fruchtbaren Ländern. Anhand der Geschichte in einigen Gebieten ist zu erkennen, dass Menschen im Gebirge mit aller Gewalt eine Volksregierung wollten, die aus der Ebene eine Regierung der Vornehmen und die Anwohner des Meeres eine gemischte Regierung.

4.17.2. Zweites Kapitel (Seite 237)
Fortsetzung desselben Gegenstandes.

In fruchtbaren Ländern gibt es Ebenen, wo man den Stärkeren nichts streitig machen kann. Man unterwirft sich ihm. Der Geist der Freiheit kann dort wieder zurückkehren. In den Gebirgsländern kann man dagegen seinen Besitz bewahren, da man nicht viel zu bewahren hat. Die Freiheit (Regierung) ist daher das einzige Gut, welches es verdient, auch verteidigt zu werden. Die Gebirgsbewohner bevorzugen daher mehr eine gemäßigte Regierung, da sie einer Eroberung weniger ausgesetzt sind. Es lässt sich leichter verteidigen und sind schwerer anzugreifen. Alle Gesetze, die für die Sicherheit des Volkes bestimmt sind, werden dort weniger Anwendung finden.

4.17.3. Drittes Kapitel (Seite 237/238)
Welches sind die am besten bebauten Länder?

Die Länder werden nicht nach Maßgabe ihrer Fruchtbarkeit, sondern nach ihrer Freiheit bebaut. Es ist vollkommen natürlich, dass Völker ein schlechtes Land verlassen, um sich in ein besseres niederzulassen. Demgegenüber wird keiner ein gutes Land verlassen, um ein Schlechtes zu besiedeln. Die meisten feindlichen Einfälle sehen wir in solchen Ländern, wo die Natur gute Bedingungen für den Menschen geschaffen hat. So werden die besten Länder sehr oft entvölkert, während das raue Gebiet des Nordens für immer bewohnt bleibt, weil es fast unbewohnbar für sie ist.

4.17.4. Viertes Kapitel (Seite 238)
Andere Wirkungen der Fruchtbarkeit und der
Unfruchtbarkeit des Landes.

Die Unfruchtbarkeit des Bodens macht die Menschen fleißig. Sie sind für die Arbeit abgehärtet, mutig und kriegstüchtig. Sie müssen sich alles verschaffen, was der Boden ihnen versagt. Ist ein Land fruchtbar, erzeugt es mit der Wohlhabenheit die Weichlichkeit und die Liebe zur Erhaltung des Lebens. Man hat festgestellt, dass deutsche Truppen, die in Gegenden ausgehoben wurden, wo die Landleute reich sind, wie in Sachsen, nicht so gut sind, wie die anderen. Die Militärgesetze werden diesen Nachteil durch eine strengere Manneszucht vorbeugen.

4.17.5. Fünftes Kapitel (Seite 238)
Von den Inselvölkern.

Inselvölker neigen mehr zur Freiheit als die Völker des Festlandes, da die Inseln eine geringere Ausdehnung besitzen. Ein Teil des Volkes kann daher nicht so gut zur Unterdrückung des anderen verwandt werden. Das Meer trennt sie von großen Reichen, so das Eroberer durch das Meer aufgehalten werden. Aus diesem Grund werden sie nicht so mit Eroberungen überzogen und bewahren leichter ihre Gesetze.

4.17.6. Sechstes Kapitel (Seite 239)
Von den Ländern, welche durch den Fleiß der Menschen entstehen.

Die Länder, die erst durch den Fleiß der Menschen bewohnbar gemacht worden sind und diesen Fleiß für ihren Fortbestand auch nötig haben, verlangen eine gemäßigte Regierung.

4.17.7. Siebentes Kapitel (Seite 239)
Von den Werken der Menschen.

Die Menschen haben die Erde wohnlicher gemacht. Ströme fließen, wo früher Seen und Sümpfe waren. Es ist von Menschenhand ein geschaffenes Gut, welches die Natur nicht geschaffen, aber durch ihr erhalten hat .

4.17.8. Achtes Kapitel (Seite 240)
Allgemeine Beziehung der Gesetze.

Die Gesetze haben eine sehr wichtige Beziehung zu der Art und
Weise, wie die verschiedenen Völker sich ihren Unterhalt
verschaffen. In einem Volk, welches sich mit Handel und
Schifffahrt befasst, braucht man ein umfassenderes Gesetzbuch
als jene Völker, die nur ihre Ländereien bebauen. Ein noch
größeres braucht ein Volk, wenn es von seiner Jagd lebt.

4.17.9. Neuntes Kapitel (Seite 240)
Von dem Boden Amerikas.

In Amerika gibt es viele wilde Völkerschaften. Der Boden bringt
dort zur Nahrung unzählig viele Früchte für viele hervor. Die
Jagd und der Fischfang versetzen die Menschen in einen
Überfluss. Es gedeihen dort viel besser Weidetiere wie Rinder
und Büffel.

4.17.10. Zehntes Kapitel (Seite 240)
Von der Bevölkerungszahl in Beziehung zu der Art und
Weise, wie die Menschen sich den Unterhalt verschaffen.

Das Verhältnis der Grundstücke gibt Auskunft über das Verhältnis
der Bevölkerungszahl. So wie der Ertrag eines unbebauten
Gebietes zu dem Ertrage eines bebauten Gebietes ist, ebenso
verhält es sich in einem anderen Verhältnis zu der Zahl der
Wilden zu der Zahl der Ackerbauer. Wenn dann noch neben dem
Ackerbau ein Gewerbe betrieben wird, hängt das Verhältnis von
vielen Einzelheiten ab. Ein mit Ackerbau beschäftigtes Volk kann
kein großes Volk bilden. Sind sie Jäger, sind sie noch weniger
zahlreich und bilden ein kleineres Volk, um leben zu können.

4.17.11. Zwölftes Kapitel (Seite 241)
Von dem Völkerrechte bei den Völkern, welche keinen Ackerbau treiben.

Völker, die in einem bestimmt umgrenzten Gebiet leben, haben viele Ursachen, um untereinander in Streit zu geraten. Man macht sich den unbebauten Boden streitig, wie bei uns die Bürger, die sich um die Erbschaften streiten.

4.17.12. Dreizehntes Kapitel (Seite 241/242)
Von den bürgerlichen Gesetzen bei den Völkern, welche keinen Ackerbau treiben.

Der Umfang des Bürgerlichen Gesetzbuches nimmt hauptsächlich durch die Teilung des Grunds und Bodens zu. Bei Völkern, wo diese Teilung noch nicht erfolgte, wird es sehr wenig bürgerliche Gesetze geben. Hier spielen die Sitten eine größere Rolle als die Gesetze. Die Alten genießen ein großes Ansehen und man zeichnet sich nicht durch Vermögen, sondern durch Rat und Tat aus.

4.17.13. Vierzehntes Kapitel (Seite 242)
Von dem politischen Zustande der Völker, welche keinen Ackerbau treiben.

Die Völker erfreuen sich einer großen Freiheit. Sie betreiben keinen Ackerbau und sind deshalb nicht an den Boden gebunden. Sie ziehen und streifen umher und gehen woanders hin, wenn ihnen ein Häuptling ihre Freiheit nehmen will. Die Freiheit ist hier so groß, dass sie notwendig die bürgerliche Freiheit nach sich zieht.

4.17.14. Fünfzehntes Kapitel (Seite 242)
Von den Völkern, welche den Gebrauch des Geldes kennen.

Der Ackerbau erfordert den Gebrauch des Geldes. Der Gebrauch des Geldes setzt viel Geschicklichkeiten und Kenntnisse voraus, womit man versucht, mit den Bedürfnissen gleichen Schritt zu halten. Dies alles führt zu einer Schaffung eines Wertzeichens.

4.17.15. Sechzehntes Kapitel (Seite 242/243)
Von den bürgerlichen Gesetzen bei den Völkern, welche den Gebrauch des Geldes nicht kennen.

Ein Volk, welches das Geld eingeführt hat, ist vielen Ungerechtigkeiten ausgesetzt, die aus der Arglist entspringen. Diese Ungerechtigkeiten können auf vielfacherweise verübt werden. Aus diesem Grund sind gute bürgerliche Gesetze notwendig. Diese entstehen, da die Mittel und Wege zunehmen, ein schlechter Mensch zu sein. In den Völkern, wo man den Gebrauch des Geldes nicht kennt, nimmt der Räuber nur Sachen weg, die untereinander nie gleich sind. Es kann hier nichts verborgen bleiben, da der Räuber die Beweise seiner Überführung immer bei sich führt. In Ländern des Geldes ist dies nicht der Fall.

4.17.16. Achtzehntes Kapitel (Seite 243/244)
Macht des Aberglaubens.

Nun gibt es Völker, die naturgemäß keinen Despotismus kennen. Dennoch kennen sie ihn trotzdem. Es gibt z. B. ein Volk, welches die Sonne anbetet. Wenn aber ihr Oberhaupt nicht herausgefunden hätte, dass er der Bruder der Sonne ist, so würden sie in ihm nichts weiter als einen armseligen Menschen ihresgleichen halten.

4.18. Neunzehntes Buch (Seite 256 -277)
Von den Gesetzen in ihrer Beziehung zu den Grundsätzen, auf welchen der allgemeine Geist, die Sitten und die Lebensweise eines Volkes beruhen.

4.18.1. Drittes Kapitel (Seite 257)
Von der Tyrannei.

Es gibt zwei Arten von Tyrannei. Eine Wirkliche und eine Eingebildete. In der Wirklichen besteht eine Gewalttätigkeit der Regierung. In der Eingebildeten, wenn sich fühlbar macht, dass die Regierung etwas einführt, welches gegen die Denkweise des Volkes verstößt.

4.18.2. Viertes Kapitel (Seite 257/258)
Worin besteht der allgemeine Geist?

Die Menschen werden durch verschieden Dinge regiert, wie das Klima, die Religion, die Gesetze, bestimmte Regierungsgrundsätze, ihre Geschichte, ihre Sitten und Gebräuche. Aus all diesen Faktoren bildet sich ihr allgemeiner Geist.

4.18.3. Fünftes Kapitel (Seite 258)
Wie sehr man darauf bedacht sein muss, den allgemeinen Geist eines Volkes nicht zu ändern.

Man sollte darauf achten, seine Gewohnheiten nicht durch Gesetze zu beschränken. Wenn sein Charakter im Allgemeinen Gut ist mit all seinen Vorzügen, schaden seine Mängel, die sich darin befinden, wenig. Der Gesetzgeber hat die Aufgabe, sich nach dem Volksgeist zu richten, es sei denn, er richtet sich gegen die Regierungsgrundsätze.

4.18.4 Sechstes Kapitel (Seite 258)
Man muss nicht alles verbessern.

Man soll ein Volk so lassen, wie es ist und nicht den geselligen Sinn versuchen, in irgendeiner Form einengen zu wollen.

4.18.5. Achtes Kapitel (Seite 259)
Wirkungen des geselligen Seins.

Je mehr die Menschen miteinander in Kontakt treten, umso leichter ändern sie auch ihre Lebensweise. Sie sind dadurch mehr einer Beurteilung ausgesetzt, wo die Eigentümlichkeiten des einzelnen Menschen besser hervortreten können.

4.18.6. Neuntes Kapitel (Seite 259/260)
Von der Eitelkeit und dem Stolz der Völker.

Die Eitelkeit ist eine gute Triebfeder für eine Regierung. Der Stolz ist jedoch eine Gefährliche. Die Trägheit ist eine Wirkung des Stolzes. Die Arbeit ist eine Folge der Eitelkeit.

4.18.7. Sechzehntes Kapitel (Seite 263/264)
Wie einige Gesetzgeber die Grundsätze, welche die Menschen regieren, verwirrt haben.

Die Unterschiede zwischen Gesetzen und den Sitten ist beim Ersteren die Handlung des Bürgers, und beim Zweiten sind es Handlungen, die durch den Menschen geregelt werden. Die Unterschiede zwischen den Sitten und den Gebräuchen sind beim Ersteren das innere Verhalten und beim Letzteren das äußere Verhalten. Wer sich von den Regeln des Anstandes freimacht, sucht nicht nur ein Mittel, es seinen Fehlern bequemer zu machen. Der Anstand ist mehr Wert als die Höflichkeit. Die Höflichkeit schmeichelt den Fehlern. Der Anstand versucht, unsere Fehler nicht hervortreten zu lassen.

4.18.8. Siebenundzwanzigste Kapitel (Seite 270 - 277)
Wie die Gesetze dazu beitragen können, die Sitten, die Gebräuche und den Charakter eines Volkes zu bilden.

Die Grundsätze einer Verfassung eines freien Volkes sind im 11. Buch Kapitel 6 dargelegt. Betrachten wir jetzt drei Dinge. Die Wirkungen, die daraus folgen, der Charakter, der sich daraus bildet und die Gewohnheiten, die daraus hervorgehen. Montesquieu behauptet nicht, dass nicht das Klima zum größten Teil die Gesetze, Sitten und Gewohnheiten dieses Volkes hervorbringt. Er ist aber der Meinung, dass die Sitten und Gewohnheiten hier zu jenen Gesetzen in Beziehung stehen müssen. In diesen Staaten gibt es zwei sichtbare Mächte, die gesetzgebende und die ausführende Gewalt. Jeder Bürger kann hier seinen eigenen Willen und seine Unabhängigkeit je nach Belieben geltend machen. So kommt es, dass die meisten Leute mehr Neigung für nur eine der Gewalten zeigen als für die andere. Hier ist es normal, dass die große Masse nicht genug Billigkeit und den nötigen Verstand haben würde, um beiden Gewalten gleichmäßig zugetan zu sein. Da hier alle Leidenschaften frei sind, wird Hass, Neid, Eifersucht und das Verlangen nach Bereicherung und Auszeichnung zutage treten. Da hier der einzelne Bürger in seiner Unabhängigkeit seinen Launen und Einbildungen folgen kann, wird man oft die Parteien wechseln. Damit muss man befürchten, dass der Bürger ein Gut verliert, was er besitzt, ohne es recht zu kennen. Aber die gesetzgebende Gewalt, welches das Vertrauen des Volkes besitzt und aufgeklärter ist, bringt das Volk zurück von seiner schlechten Meinung. Das ist ein entscheidender Vorteil einer modernen Demokratie. Hat aber das Volk die unmittelbare Macht, können Redner das Volk aufwiegeln, welches auch seine Wirkung zeigt. Wenn die eingeprägte Angst kein sicheres Ziel hätte, würde sie nur leeres Geschrei und Geschimpfe hervorbringen. So werden alle Triebkräfte der Regierung angespannt und alle Bürger aufmerksam gemacht. Wenn der Anlass aber ein Umsturz der Grundgesetze beinhaltet, werden Umwälzungen in allen Formen die Folge sein. Revolutionen sind eine Bekräftigung der Freiheit. Um Freiheit genießen zu können und um sie zu bewahren, muss es jeden Bürger gestattet sein, zu sagen und zu schreiben, was er denkt. Allerdings nur so weit, wie es die Gesetze zulassen. Dieses Volk aber ist immer erhitzt und lässt sich mehr von seiner Leidenschaft als von der Vernunft leiten. Die Leidenschaften haben noch nie eine große Wirkung auf den Geist der Menschen ausgeübt. In einem Staat, wo der Reichtum außerordentlich groß ist und die Abgaben übermäßig hoch sind, können diejenigen, die ein beschränktes Vermögen besitzen, ohne eine Erwerbstätigkeit nicht Leben. Dies ist ein Anlass, das Ausland aufzusuchen. Minister, die ihr Verhalten vor einer Volksvertretung rechtfertigen müssen, glaubt man eher. Sie können durch ihr verkehrtes Verhalten haftbar gemacht werden. Das Sicherste ist deshalb, den geraden Weg zu gehen. Die Macht der Regierenden fällt und steigt. Daher würden sie mehr auf jene Rücksicht nehmen, die ihnen nützlich sind. Es würde ein echter Luxus bestehen, der in der Verfeinerung der wirklichen Bedürfnisse begründet ist und nicht auf eitle Prahlerei basiert. Man würde einen großen Überfluss genießen und dennoch die unnützen Dinge dort verbannen. Wenn die Menschen in einem Volk das Bedürfnis haben, dass man Rücksicht auf den anderen nimmt, um nicht gegenüber den anderen zu missfallen, umso mehr Höflichkeit findet man vor. In einem freien Volk ist es egal, ob einzelne Bürger gut oder schlecht über die Dinge reden. Denn hier genügt es schon, das Sie überhaupt reden. Aus dieser Tatsache heraus liegt die Freiheit begründet, die von den Wirkungen solcher

Reden sich selbst schützt. In einer despotischen Regierung ist es dagegen verderblich, denn hier reicht es schon aus, dass überhaupt geredet wird, welches zur Erschütterung des Regierungsprinzips genügt. Der Charakter eines Volkes würde in seinen Geisteswerken zum Ausdruck kommen, welches einsichtsvoll und selbstbewusste Menschen zeigt. Da die Gesetze für jeden Bürger gleich gelten, würde sich auch jeder für einen Monarchen halten. In Monarchien weichen die Geschichtsschreiber von der Wahrheit ab, da sie hier nicht die Freiheit haben, sie zu zeigen. In den freien Staaten dagegen weichen sie ebenfalls von der Wahrheit ab, gerade weil sie Freiheit haben. Dadurch entstehen immer mehr Spaltungen und jeder wird zum Sklaven der Vorurteile seiner Partei. Das ist nichts anderes, wie der Sklave unter einen Despoten.

4.19. Zwanzigstes Buch (Seite 277 - 291)
Von den Gesetzen in ihrer Beziehung zum Handel unter Berücksichtigung seiner Natur und Unterscheidungen.

4.19.1. Erstes Kapitel (Seite 277 – 278)
Vom Handel. (Seite 277/278)

Mit dem Handel werden zerstörende Vorurteile geheilt. Es ist beinahe eine allgemeine Regel, dass überall dort, wo milde Sitten herrschen, auch Handel betrieben wird. Dort, wo Handel ist, herrschen auch milde Sitten. Man kann mit Recht sagen, dass die Gesetze des Handels die Sitten vervollkommnen und verderben. Er verfeinert und mildert die rohen Sitten und er verdirbt die reinen Sitten.

4.19.2. Zweites Kapitel (Seite 278/279)
Vom Geiste des Handels.

Der Handel bewirkt einen Frieden. Wenn zwei Völker miteinander Handel treiben, machen sie sich abhängig. Dieses Bündnis beruht auf wechselseitigen Bedürfnissen. Jedoch verbindet der Handel nicht in gleicher Weise die Einzelnen. Der Handelsgeist geht so weit, dass die unbedeutendsten Dinge, welche die Menschheit verlangt, für Geld gegeben werden. Der Handelsgeist erzeugt ein gewisses strenges Rechtsgefühl. Auf der einen Seite tritt man damit den Räubereien entgegen und auf der anderen Seite widerstrebt es den sittlichen Tugenden, wo manch einer seine Interessen über andere stellt.

4.19.3. Dreizehntes Kapitel (Seite 284/285)
Was diese Freiheit zerstört.

Zum Handel gehören auch Zölle. Der Zweck des Handels ist die Ausfuhr und die Einfuhr von Waren zum Vorteil des Staates. Der Zweck der Zölle ist, dass man bei der Ausfuhr und Einfuhr eine bestimmte Abgabe leisten muss. Der Staat muss daher bei den Zöllen unparteiisch sein und so handeln, dass sich beide nicht durchkreuzen. Wird das berücksichtigt, kann man sich des Besitzes der Handelsfreiheit erfreuen.

4.20. Zweiundzwanzigstes Buch (Seite 327 - 352)
Von den Gesetzen in ihrer Beziehung zum Gebrauch des Geldes.

4.20.1. Erstes Kapitel (Seite 327/328)
Grund des Geldgebrauchs.

Völker, die wenig Waren haben für einen Handel, betreiben

Tauschhandel. Ein Volk aber mit einer sehr großen Menge an Waren braucht für den Handel notwendigerweise eine Münze. Es ist ein leicht fortschaffendes Metall, welches Kosten erspart, wenn man die Wege des Tauschhandels gegenüberstellt.

4.20.2. Zweites Kapitel (Seite 328/329)
Von der Natur des Geldes.

Das Geld vertritt den Wert aller Waren. So wie das Geld einen Wert einer Sache vertritt, so vertritt eine Sache ein Wert des Geldes. Das Geld ist aber nicht nur ein Mittel, um den Wert einer Ware auszudrücken, sondern auch sich selbst und vertritt das Geld. Dies wird im Kapitel für Wechsel dargelegt.

4.20.3. Siebentes Kapitel (Seite 332)
Wie der Preis der Sachen sich bestimmt bei dem Wechsel des Reichtums an Wertzeichen.

Das Geld ist der Preis der Ware und der Lebensmittel. Die Preisbestimmung der Sachen sieht Montesquieu im Verhältnis zur Gesamtheit der Sachen zur Gesamtheit der Wertzeichen. Die Gesamtmenge des einen verhält sich proportional zur Gesamtmenge des anderen.

4.20.4. Siebzehntes Kapitel (Seite 344/345)
Von den Staatsschulden.

Einige Glauben, dass es Gut sei, wenn ein Staat Schulden hat oder macht. Dadurch vermehrt sich Reichtum durch vermehrten Umlauf. Schulden sind nur für solche Gut, denen es eine Bezahlung verschafft, d. h., diese kleine Gruppe verdient an den Schulden des Staates. Daraus entstehen folgende Übelstände:

1. Die wenigen beziehen Jahr für Jahr vom Staat eine beträchtliche Summe an Zinsen.

2. Um die Zinsen der Schuld bezahlen zu können, werden Steuern erhoben. Dies schadet dem Gewerbe, da sich der Arbeitslohn verteuert.
3. Die eigentlichen Staatseinkünfte entzieht man den tätigen und fleißigen Menschen, um sie denen, die faul sind zuzuwenden. Damit macht man denen, die nicht Arbeiten, das Arbeiten leicht und denjenigen die Arbeiten, das Arbeiten schwer.

4.21. Vierundzwanzigstes Buch (Seite 375 - 391)
Von den Gesetzen in ihrer Beziehung zu der bestehenden Landesreligion mit Rücksicht auf deren Ausübung und Wesen.

4.21.1. Erstes Kapitel (Seite 375/376)
Von den Religionen im allgemeinen.

Die verschiedenen Religionen der Welt werden hier nur untersucht in Beziehung auf den Nutzen, den sie dem bürgerlichen Staate bieten. Da ich kein Theologe bin, sondern ein politischer Schriftsteller, können Dinge vorkommen, die nur nach einer menschlichen Denkweise wahr sind und nicht in Beziehung auf höhere Wahrheiten. Was die Religion anbelangt, war es nie meine Absicht, ihre Interessen hinter die Staatliche zurückzusetzen, sondern beide zu vereinigen. Damit man sie aber vereinigen kann, muss man sie auch kennen. Die christliche Religion befiehlt, dass die Menschen sich lieben sollen. Ich möchte aber auch, dass jedes Volk die besten staatlichen und bürgerlichen Gesetze hat. Es ist nach der christlichen Religion das höchste Gut, dass die Menschen gewähren und empfangen können.

4.21.2. Zweites Kapitel (Seite 376/377)
Ein sonderbarer Satz Bayles.

Pierre Bayle hat versucht zu beweisen, dass es besser sei, gottlos zu sein als ein Götzendiener. Mit anderen Worten ausgedrückt, es ist weniger gefährlich, dass man überhaupt keine Religion haben sollte als eine schlechte. Es ist nicht gut gegen die Religion zu reden, wenn man in einem großen Werk eine lange Aufzählung der Übel zusammenträgt und nicht den Versuch unternimmt, auch das Gute aufzuzählen, was sie bewirkt hat. Würde man alle Übel von den bürgerlichen Gesetzen der Monarchie und der republikanischen Regierung zusammenfassen, müsste man schreckliche Dinge sagen.

4.21.3. Drittes Kapitel (Seite 377/378)
Dass die gemäßigte Regierung besser zu der christlichen Religion und die despotische Regierung besser zu mohammedanischen passt.

Die christliche Religion ist dem reinen Despotismus abgeneigt. Im Evangelium empfiehlt man Milde, die nicht vereinbar ist mit einen despotischen Zorn, wo der Fürst sich das Recht verschafft, Grausamkeiten zu verüben. Ein mohammedanischer Fürst bringt beständig den Tod. Dies macht die christliche Religion weniger furchtsam und weniger grausam. Schaut man in einige geschichtliche Abläufe in Äthiopien und Asien unter Dschingis-Khan, sieht man ein, dass wir dem Christentum ein sicheres Staatsrecht in der Regierung und ein sicheres Völkerrecht im Kriege zu verdanken haben. Das Völkerrecht bewirkt, dass man einem besiegten Volk Dinge lässt, wie das Leben, die Freiheit, die Gesetze, das Vermögen und die Religion. Es sei denn, man ist komplett verblendet.

4.21.4. Viertes Kapitel (Seite 378)
Folgen des Charakters der christlichen und mohammedanischen Religion.

Schon aus dem unterschiedlichen Charakter heraus muss man ohne einer weiteren Prüfung, die christliche Religion gegenüber der mohammedanischen wählen. Jeden leuchtet ein, dass eine Religion die Sitten der Menschen mildern soll. Die mohammedanische Religion redet nur vom Schwerte. Sie wirkt daher noch heute auf die Menschen mit jenem Zerstörungsgeist, mit dem sie gegründet ist.

4.21.5. Fünftes Kapitel (Seite 379)
Dass die katholische Religion besser für die Monarchie und die protestantische besser für eine Republik passt.

Vor zwei Jahrhunderten erlitt die christliche Religion eine unglückliche Spaltung. Die Völker des Nordens nahmen die Protestantische und die des Südens, die Katholische an. Der Grund liegt darin begründet, dass die nordischen Völker einen Geist der Unabhängigkeit und der Freiheit in sich tragen, welches den südlichen Völkern nicht eigen ist. Eine Religion ohne ein sichtbares Oberhaupt passt zu der Unabhängigkeit des Klimas im Norden besser als mit einem Oberhaupt. Jede dieser beiden konnte sich für die beste halten, die Calvinistische, weil sie sich mehr mit der Lehre Jesu Christi und die Lutherische, weil sie sich mehr mit den Handlungen der Apostel in Übereinstimmung glaubte.

4.21.6. Sechstes Kapitel (Seite 379/380)
Ein anderer seltsamer Satz Bayles.

Bayle behauptet, dass die wahren Christen keinen dauerhaften Staat bilden könnten. Sie sind Bürger, die über ihre Pflichten aufgeklärt sind und sie mit großem Eifer erfüllen und das Recht der Notwehr begreifen. Damit würde die tief im Herzen eingepflanzten Grundsätze des Christentums stärker sein als eine falsche Ehre der Monarchie, der menschlichen Tugenden einer Republik und der Furcht eines despotischen Staates. Es ist erstaunlich, dass ein solch großer Mann den Geist der Religion verkennt.

4.21.7. Siebentes Kapitel (Seite 380)
Von den Vollkommenheitsgesetzen in der Religion

Menschliche Gesetze sollen zum Verstand sprechen und müssen Gebote sein. Ratschläge sollen sie keine erteilen, dass überlassen wir der Religion. Sie muss zum Herzen sprechen und viele Ratschläge und wenig Gebote erteilen. Wenn zum Beispiel Vorschriften nicht über das Gute, was gut ist, sondern das Beste, das vollkommen ist, so ist es doch zweckmäßig, wenn dies Ratschläge sind und keine Gesetze. Die Vollkommenheit nimmt keine Rücksicht auf die Gesamtheit der Menschen und Dinge. Wenn es Gesetze sein würden, bedarf es einer Unzahl anderer Gesetze. Das Christentum gab einen Rat über die Ehelosigkeit. Als man aber ein Gesetz daraus machte, bedürfte es täglich neuer Gesetze. Der Gesetzgeber und die Gesellschaft mühten sich ab, sie zu veranlassen, das auszuführen, was man als Ratschlag ausgeführt haben wollte.

4.21.8. Elftes Kapitel (Seite 382)
Von dem beschaulichen Leben.

Die Menschen müssen sich erhalten, ernähren, kleiden und alle Handlungen der Gesellschaft verrichten. Hier darf die Religion dem Menschen ein nicht zu beschauliches Leben auferlegen. Die Mohammedaner werden beschaulich aus Gewohnheit. Sie beten fünfmal am Tag, die mit einer feierlichen Handlung vorgenommen werden muss. Sie werfen dafür alles Irdische hinter sich und wenden sich einem beschaulichen Leben zu.

4.21.9. Vierzehntes Kapitel (Seite 383/384)
Wie die Kraft der Religion sich an die der bürgerlichen Gesetze anlehnt.

Die Religion und die bürgerlichen Gesetze müssen hauptsächlich dahin streben, die Menschen zu guten Bürgern zu machen. Sollte eine der beiden sich abwenden, muss die andere umso mehr dahin streben. Je weniger die Religion steuert, umso mehr müssen es die bürgerlichen Gesetze tun. Verurteilt die Religion etwas, was die bürgerlichen Gesetze erlauben müssen, zeigt das stets einen Mangel an Einklang und Richtigkeit der Gedanken. Spricht die Religion wegen eines unwesentlichen Umstandes von Strafe, so verdirbt sie ihre große Triebkraft, welche die Menschen haben.

4.21.10. Sechzehntes Kapitel (Seite 385)
Wie die Gesetze der Religion die Übelstände der politischen Verfassung verbessern.

Die Religion kann den politischen Staat aufrecht erhalten, wenn die Gesetze ohnmächtig sind. Ist ein Staat oft von Bürgerkriegen betroffen, kann sie viel bewirken, dass ein gewisser Teil des Staates im Frieden bleibt.

4.21.11. Siebzehntes Kapitel (Seite 385/386)
Fortsetzung desselben Gegenstandes.

Besteht in einem Staat ein großer Anlass zum Hass, muss die Religion viele Mittel zur Versöhnung bieten.

Das ein Glaube nicht sowohl durch seine Wahrheit oder Falschheit, als vielmehr durch den Gebrauch oder Missbrauch, den man davon macht, den Menschen im bürgerlichen Staate nützlich oder verderblich wird.

Die wahrsten und heiligsten Glaubenssätze können sehr schlechte Folgen haben, wenn man diese nicht an die Grundsätze der Gesellschaft bindet. Umgekehrt können falsche Glaubenssätze wiederum vortreffliche Folgen haben. Es gibt Religionen wie die des Konfuzius, welche die Unsterblichkeit der Seele leugnen und Sekten, die daran glauben. Beide haben aus ihren falschen Grundsätzen Folgerungen gezogen, die nicht richtig waren, aber für die Gesellschaft vorzüglich. Es gibt aber auch Religionen, die entsetzliche Folgerungen gezogen haben. Ein verkehrter aufgefasster Glaube, der die Unsterblichkeit der Seele beinhaltet, hat in fast allen Teilen der Welt die Menschen dazu veranlasst, sich zu töten, um dann in der anderen Welt zu dienen. Eine andere Folgerung hat man gezogen in den Glauben an die Auferstehung des eigenen Leibes. Man ist nach dem Tod derselbe Mensch mit denselben Bedürfnissen, Empfindungen und Leidenschaften. Wenn man diesen Gesichtspunkt betrachtet, berührt dieser Glaube die Menschen wunderbar. Schon der Gedanke an einen einfachen Wechsel des Aufenthalts entspringt mehr aus unserem Verstand und schmeichelt unserem Gefühl. Für eine Religion reicht es nicht aus, einen Glaubenssatz aufzustellen, sie muss auch ihre Richtung vorgeben. Die christliche Religion hat dies in Rücksicht der Glaubenssätze in vorzüglicher Weise getan.

4.21.13. Einundzwanzigstes Kapitel (Seite 387/388)
Von der Seelenwanderung.

Die Lehre von der Unsterblichkeit der Seele teilt sich in drei
Zweige:

1. Lehre von der reinen Unsterblichkeit.
2. Der einfachen Veränderung des Aufenthalts.
3. Der Seelenwanderung.

4.21.14. Zweiundzwanzigstes Kapitel (Seite 388)
Wie gefährlich es ist, wenn die Religion Abscheu gegen
gleichgültige Dinge einflößt.

Die Religionsgesetze müssen es vermeiden, eine andere
Missachtung einzuflößen als vor dem Laster. Auch müssen sie
sich vor allem hüten, die Menschen der Liebe und dem Mitleid
miteinander zu entfremden.

4.21.15. Dreiundzwanzigstes Kapitel (Seite 388/389)
Von den Festtagen.

Schreibt die Religion das Ruhen der Arbeit vor, muss sie auf die
Bedürfnisse der Menschen mehr Rücksicht nehmen als auf die
Erhabenheit des Wesens, das sie verehrt.

4.22. Fünfundzwanzigstes Buch (Seite 391 - 403)
Von den Gesetzen in ihrer Beziehung zu der bestehenden
Landesreligion und ihrer äußeren Ordnung.

4.22.1. Erstes Kapitel (Seite 391)
Von dem religiösen Gefühle.

Der Fromme und der Gottlose sprechen immer von Religion:
Jener spricht von dem, was er liebt, der andere, was er fürchtet.

<u>4.22.2. Zweites Kapitel</u> (Seite 391-393)
<u>Von dem Grunde der Anhänglichkeit an die verschiedenen Religionen.</u>

Die verschiedenen Religionen, die es auf der Welt gibt, bieten ihren Bekennern keine gleichen Gründe zu ihrer Anhänglichkeit an sie. Das ist auch davon abhängig, wie die Gründe sich mit dem menschlichen Denken und Fühlen vertragen. Was uns betrifft, so sind wir außerordentlich zur Abgötterei geneigt und trotzdem werden wir sehr wenig davon angezogen. Eine bestimmte geistige Vorstellung behagt uns nicht und dennoch fühlen wir uns angezogen von Religionen, die ein geistiges Wesen anbeten. Es gibt uns ein gewisses glückliches Gefühl, eine Gottheit aus der Erniedrigung gewählt zu haben. Abgötterei betrachten wir als eine Religion der rohen Völker und jene, die ein geistiges Wesen zum Gegenstand haben, sehen wir als eine Religion der aufgeklärten Völker. Verbinden wir noch den Glaubenssatz eines höchsten geistigen Wesens mit sinnlichen Vorstellungen, wie es bei einem Gottesdienst üblich ist, verleiht dies in uns eine große Anhänglichkeit. Die Religion muss eine reine Sittenlehre haben, damit sie die Menschen für sich gewinnen kann. Der äußere Gottesdienst entfaltet eine große Pracht. Dieser Reichtum der Geistlichkeit macht auf uns einen großen Eindruck. Hier sehen wir einen Grund, der selbst im Elend lebenden Völker an die Religion fesselt, obwohl sie das Elend verursacht hat.

<u>4.22.3. Fünftes Kapitel</u> (Seite 395/396)
<u>Von den Grenzen, welche die Gesetze dem Reichtum der Geistlichkeit setzen müssen.</u>

Einzelne Familien können ruhig zugrunde gehen, da das Vermögen hier keine immerwährende Bestimmung hat. Bei der Geistlichkeit ist das anders. Sie ist eine Familie, die nicht zugrunde gehen kann, da die Güter für immer gebunden sind und nicht frei werden. Das Vermögen der Priesterschaft ist beibehalten wurden, ausgenommen jene, welche die Grenzen dieses Vermögens betreffen. Doch wo ist die Grenze, über die hinaus einer religiösen Gemeinschaft kein Erwerb mehr gestattet ist? Die bürgerlichen Gesetze stoßen hier zuweilen auf Schwierigkeiten, um bestehende Missbräuche abzustellen. Man berührt dabei Dinge, die miteinander verknüpft sind, die geschont werden müssen. Am Ende sieht das dann so aus: Man erklärt den alten Besitz der Geistlichkeit für heilig und unverletzlich, aber die neuen Besitzungen nimmt man ihr aus der Hand. Man gestattet eine Regel zu verletzen, wenn sie ein Missbrauch geworden ist. Im Gegensatz duldet man den Missbrauch, wenn er eine Regel geworden ist.

4.22.4. Neuntes Kapitel (Seit 398)
Von der Duldsamkeit in Sachen der Religion.

Wenn die Staatsgesetze so ausgelegt werden, dass mehrere Religionen sich dulden müssen, so müssen sie dieselben auch nötigen, sich gegenseitig zu dulden. Wird eine Religion von der anderen unterdrückt, gilt der Grundsatz, dass sie selbst zur Unterdrückerin wird. Sobald die Zustände es zulassen, aus der Unterdrückung herauszutreten, greift sie die Religion an, durch die sie unterdrückt wurde. Daher müssen die Gesetze von den verschiedenen Religionen verlangen, dass sie nicht nur den Staat stören, sondern auch gegenseitig sich nicht stören.

4.22.5. Zehntes Kapitel (Seite 398/399)
Fortsetzung desselben Gegenstandes.

Nun gibt es Religionen, die einen großen Eifer zeigen, anderswo Boden zu gewinnen. Hier gilt folgender Hauptgrundsatz von politischen Gesetzen in Sachen der Religion: Denkt man darüber nach, in einem Staat eine neue Religion aufzunehmen oder nicht, so ist man sehr gut beraten, sie nicht zuzulassen. Ist sie aber schon eingeführt, soll man sie dulden.

4.23. Sechsundzwanzigstes Buch (Seite 403 - 424)
Von den Gesetzen in ihrer notwendigen Beziehung zu der Ordnung der Dinge, über welche sie Bestimmungen treffen.

4.23.1. Erstes Kapitel (Seite 403/404)
Gedanke dieses Buches.

Die Menschen werden durch verschiedene Arten von Gesetzen regiert.

- Naturrecht
- Göttliche Recht (Religion), Kirchenrecht (Beaufsichtigung der Religion)
- Völkerrecht (welches als das bürgerliche Recht der ganzen Welt betrachtet werden kann)
- Allgemeine Staatsrecht (hat die menschliche Weisheit zum Gegenstand, die alle Gesellschaft gegründet hat)
- Besondere Staatsrecht (betrifft jede Gesellschaft)
- Eroberungsrecht
- Bürgerliches Recht jeder Gesellschaft
- Hausrecht

Die höchste Aufgabe der menschlichen Vernunft besteht darin, zu unterscheiden, zu welcher Klasse die Dinge gehören sollen, über die man gesetzliche Bestimmungen treffen will. Das ist wichtig, damit keine Verwirrung in den Grundsätzen aufkommt, welche die Menschen regieren sollen.

4.23.2. Zweites Kapitel (Seite 404)

Von den göttlichen und menschlichen Gesetzen.

Nach göttlichen Gesetzen darf man nicht bestimmen, was nach menschlichen Gesetzen bestimmt werden muss. Beide unterscheiden sich grundsätzlich durch ihren Ursprung ´, ihren Gegenstand und ihrer Natur. Worin besteht die Natur der menschlichen Gesetze? Man ist allen Zufällen, die eintreten können, unterworfen. Man kann die menschlichen Gesetze wechseln, wie der Wille der Menschen wechselt. Die menschlichen Gesetze kann man ändern. Man schaut, ob sie auch wirklich gut sind. Die menschlichen Gesetze gewinnen durch ihre Neuheit, die einer besonderen und gegenwärtigen Aufmerksamkeit des Gesetzgebers erfordert.

Worin besteht die Natur der Gesetze der Religion? Diese Gesetze wechseln nie. Gesetze der Religion treffen Bestimmungen über das Beste, da es nur ein einziges Gut ist und deshalb nicht wechseln kann. In der Religion setzt man dies voraus. Die Stärke der Religion macht den Glauben an ihren Gesetzen aus. Die Stärke der menschlichen Gesetze liegt in der Furcht vor ihnen.

4.23.3. Neuntes Kapitel (Seite 410/411)

Dinge, die nach den Grundsätzen des bürgerlichen Rechts geregelt werden müssen, können selten nach den Grundsätzen der Religionsgesetze geregelt werden.

Religiöse Gesetze sind erhabener und bezwecken mehr die Güte des einzelnen Menschen, der sie befolgt. Die bürgerlichen Gesetze sind vom größeren Umfang und bezwecken mehr die sittliche Güte der Menschen im Allgemeinen als die der Einzelnen. Es ist auf das allgemeine Wohl der Gesellschaft ausgerichtet.

4.23.4. Elftes Kapitel (Seite 412)
Man darf die menschlichen Gerichte nicht nach den Grundsätzen der Gerichte ordnen, die das andere Leben betreffen.

Das Glaubensgericht widerspricht aller Gesittung und ist in allen Regierungen unerträglich. In der Monarchie kann es nur Angeber und Verräter erzeugen, in einer Republik kann es nur unehrenhaften Leute ausbilden, und im Despotismus wirkt es zerstörend.

4.23.5. Zwölftes Kapitel (Seite 412)
Fortsetzung desselben Gegenstandes.

Der Missbrauch eines solchen Gerichtes unterscheidet sich prinzipiell von einem menschlichen Gericht. Im Glaubensgericht wird der Leugnende zum Tode verurteilt und der Geständige entgeht dieser Strafe, während das menschliche Gericht nur die Handlung sieht.

4.23.6. Fünfzehntes Kapitel (Seite 416/417)
Man soll Dinge nicht nach staatsrechtlichen Grundsätzen regeln, die von Grundsätzen des bürgerlichen Rechts abhängt.

Es gilt folgender Grundsatz. Handelt es sich um das öffentliche Wohl, darf man auf keinen Fall einer einzelnen Person sein Gut nehmen oder ihm einen Teil seines Eigentums durch ein Gesetz oder einer staatlichen Maßregel abschneiden. Hier muss man sich streng an das bürgerliche Gesetz halten, welches das Bollwerk des Eigentums ist. Wenn der Staat etwas von dem Eigentum eines Einzelnen braucht, wie etwa durch die Errichtung einer Straße, so darf der Staat niemals nach strengen Staatsgesetzen handeln, sondern nur über das bürgerliche Recht. Der Staat steht hier einer

Privatperson gegenüber, der mit einer Privatperson verhandelt, und muss eine Entschädigung leisten. Es ist schon schlimm genug, dass der Staat einen Bürger zwingen kann, sein Erbteil zu verkaufen und das man ihm das Vorrecht raubt, welches im bürgerlichen Recht begründet ist, dass man nicht gezwungen werden darf, sein Gut zu verkaufen. Hier darf nicht das besondere Wohl dem öffentlichen Wohl weichen.

4.23.7. Sechzehntes Kapitel (Seite 418/419)
Man darf nicht nach den Vorschriften des bürgerlichen Rechts entscheiden, wenn es sich darum handelt, nach den Vorschriften des Staatsrechts zu entscheiden.

Darf man Staatsgut veräußern oder nicht? Diese Frage muss nach dem Staatsrecht und nicht nach dem bürgerlichen Recht entschieden werden. Für den Bestand eines Staates ist das Staatsgut ebenso notwendig wie die bürgerlichen Gesetze, welches die Verfügung über Güter regelt. Veräußert man ein Staatsgut, sind Dinge zu beachten wie die Aufbringung von Geldmitteln für ein neues Staatsgut. Dies bringt die Staatsverwaltung in Unordnung. Hier stellt sich die Frage, wer hat am Ende mehr und wer hat weniger einen Nutzen davon. Damit kommt man zu dem Schluss, dass Staatsgüter nötig sind, die Veräußerungen nicht.

4.24. Neunundzwanzigstes Buch (Seite 490 - 503)
Von der Abfassung der Gesetze.

4.24.1. Erstes Kapitel (Seite 490/491)
Von dem Geiste des Gesetzgebers.

Der Geist des Gesetzgebers muss der Geist der Mäßigung sein.

4.24.2. Viertes Kapitel (Seite 492)
Von den Gesetzen, welche den Absichten des Gesetzgebers widersprechen.

Es gibt Gesetze, wo der Gesetzgeber es nicht erkennt, dass sie dem Ziele widersprechen. Das trifft zu, wenn die Wirkung eine entgegengesetzte ist.

4.24.3. Sechzehntes Kapitel (Seite 499 – 502)
Dinge, die bei der Abfassung der Gesetze zu beachten sind.

Diejenigen, die hier eine ausreichende Fähigkeit besitzen, müssen eine gewisse Aufmerksamkeit auf die Art ihrer Abfassung richten, wenn es das Volk oder ein anderes Gesetz betrifft. Der Satzbau muss kurz sein und von Genauigkeit im Ausdruck. Die Sprache der Gesetze muss eine einfache sein, damit er besser verständlich ist. Die Worte der Gesetze müssen bei allen Menschen dieselben Gedanken erwecken. Hat man in einem Gesetz einmal den Sinn der Dinge richtig festgestellt, muss man nicht auf unbestimmte Ausdrücke zurückkommen. Da Gesetze für Leute von mittelmäßiger Einsicht gemacht werden, sollten sie nicht spitzfindig sein. Sind Ausnahmen, Einschränkungen und nähere Bestimmungen in einem Gesetz nicht nötig, so sollte man sie auch nicht hineinschreiben. Solche Einzelbestimmungen führen nur zu neuen Einzelbestimmungen. Ohne Grund sollte an einem Gesetz keine Änderung vorgenommen werden. Gibt es einen Grund für ein Gesetz, so muss dieser Grund desselben würdig sein. Geht es um eine Vermutung, so ist die gesetzliche Vermutung besser als die menschliche. Nutzlose Gesetze schwächen die notwendigen Gesetze. Genauso schwächen Gesetze, die man umgehen kann, die Gesetzgebung. Ein Gesetz muss eine Wirkung haben. Es darf nicht sein, dass es durch eine besondere Vereinbarung außer Kraft gesetzt wird. Gesetze dürfen nicht gegen die Natur der Dinge verstoßen. Es muss eine gewisse Aufrichtigkeit in den Gesetzen herrschen. Warum? Gesetze sind dazu bestimmt, die Schlechtigkeiten der Menschen zu strafen. Aus diesem Grund muss ihnen die größte Unschuld innewohnen.

◊

Die Freiheit besteht hauptsächlich darin, dass man nicht gezwungen werden kann, etwas zu tun, was das Gesetz nicht vorschreibt. Diese Lage der Bürger ist nur durch die bürgerlichen Gesetze möglich. Deshalb sind wir frei.

Das Wohl des Volkes ist das erste Gesetz.

4. 25. Grundwissen „Gewaltenteilung"

Der Sinn einer Gewaltenteilung in einem Staat ist der Wille einer
Aufteilung der Staatsgewalt und einer Minimierung von
Machtmissbrauch.
Keine Gewalt darf über die andere Gewalt die Oberhand
gewinnen und sie beherrschen.
Es müssen drei verschiedene Machtträger garantiert sein.

Funktion des Gesetzes

Schafft Rechtssicherheit für den Bürger

Schafft demokratische Legitimation für staatliches Handeln

Rechtsstaatlichkeit = … staatliches Handeln im Rahmen der
Rechtsordnung
Rechtsordnung = … Bestand und Gewährleistung der
Rechtsordnung
Gesetz = … ist der Wille der parlamentarischen Volksvertretung.
Gesetzgebung = … ist die Rechtsetzung durch das Parlament.

Σ Ausübung von Staatsgewalt

Damit hat man eine demokratische Legitimation und setzt politische
Grundentscheidungen für das Gemeinwesen.

Gesetz im juristischen Sinn

Ein Gesetz ist die staatliche Anordnung von den für die Gesetzgebung zuständigen Organen (Parlament, Bundesrat).

Dieser parlamentarische Gesetzgeber ist in der Entscheidung frei, welche Gegenstände er in Gesetzesform regeln will.
Er ist nicht frei in der Entscheidung, wenn es um Eingriffe in die Rechte des Bürgers geht oder aus anderen Gründen, welches die Gesetzesform fordert.
Deshalb wird der Gesetzesbegriff nicht nach inhaltlichen Kriterien definiert.

Gesetz im Sinne des Grundgesetzes (GG)

… ist eine abstrakt-generelle Regelung, die sich an eine Vielzahl von Personen richtet, eine unbestimmte Vielzahl von Fällen betrifft und eine dauerhafte normative Ordnung errichten will wie z. B. das StGB.

Beachte: *Gesetze sind Rechtssätze, die von verfassungsmäßig berufenen Trägern der gesetzgebenden Gewalt (Legislative) im gesetzmäßig vorgeschriebenen Gesetzgebungsverfahren erlassen werden. Abstrakt-generelle Regelung heißt, dass diese Regelung sich an einen allgemeinen Personenkreis richtet und nicht unmittelbar an den Einzelfall.*

… ist auch die in Gesetzesform getroffene Maßnahme wie das HaushaltsG.

… sind auch Maßnahmegesetze wie die Organisationsgesetze, wo z. B. Einrichtungen geschaffen werden, wie z.B. eine Universität, eine Bundesbehörde oder eine Körperschaft.

Damit geht das Grundgesetz von einem formellen Gesetzesbegriff aus.

Beachte: *Rechtsvorschriften im formellen Sinn sind Rechtssätze (Rechtsnormen). Diese werden im „formellen", d.h. vom GG oder den Länderverfassungen vorgeschriebenen Verfahren von der Legislative erlassen, wie z.B. der Haushaltsplan.*

Das Gesetz, welches eine staatliche Anordnung durch die von der Gesetzgebung zuständigen Organe ist, wird von der Verfassung in dem hierfür vorgesehenen Verfahren und der hierfür vorgesehenen Form erlassen. Damit ist eine Unterscheidung zwischen Gesetzen im formellen und im materiellen Sinn obsolet.

Beachte: *Rechtsvorschriften im materiellen Sinn sind Rechtssätze, die sich unmittelbar an den Bürger wenden, ihm berechtigen oder verpflichten können, ohne das sie im formellen Verfahren ergangen sein müssen. Gesetze im formellen und im materiellen Sinn sind das BGB, HGB, StGB usw.*

Es handelt sich nicht um eine Gesetzgebung im Sinne des Grundgesetzes, wenn allgemein-verbindliche Anordnungen durch eine Verwaltung erlassen werden. Damit kann man nicht von Gesetzen nur im materiellen Sinn sprechen, denn Verordnungen sind keine Gesetze. Unter bestimmten Voraussetzungen, kann der Gesetzgeber seine Befugnis zur Rechtsetzung an die Exekutive weiter leiten, d. h., er ermächtigt die Exekutive zum Erlass von Rechtsordnungen. Rechtsverordnungen sind Rechtsnormen, die von der Exekutive erlassen werden. Damit stehen sie außerhalb des formellen Gesetzgebungsverfahrens. Untergesetzliches Recht sind auch autonome Satzungen, die von Körperschaften zur Regelung ihrer eigenen Angelegenheiten erlassen werden.

<u>Aufbau der Rechtsordnung</u>

Verfassung - Gesetz - untergesetzliches Recht
(Untergesetzliches Recht sind Rechtsverordnungen und
Satzungen.)

Verfassung

Gesetz im Sinn des formellen Parlamentsgesetzes

untergesetzliches Recht wie
Rechtsverordnungen und Satzungen
(Müssen sich von einem parlamentarischen Gesetz ableiten
lassen.)

<u>Die Normenhierarchie laut Art. 31 GG</u>

Bundesrecht bricht Landesrecht

∎

Grundgesetz

∎

Bundesgesetz

∎

Rechtsverordnungen des Bundes

∎

Satzung einer autonomen Organisation des Bundes

∎

Landesverfassung

∎

Landesgesetz

∎

Rechtsverordnung des Landes

∎

Satzung einer autonomen Organisation des Landes

<u>Formelle und materielle Verfassungsmäßigkeit</u>
Zuständigkeit und Gesetzgebungsverfahren sind Fragen der formellen Verfassungsmäßigkeit eines Gesetzes. Das Grundgesetz stellt aber auch materielle Anforderungen an die Gesetzgebung, d.h. das das Gesetz nicht jeden beliebigen Inhalt annehmen darf. Die materielle Verfassungsmäßigkeit ist die Vereinbarkeit eines Gesetzes mit den Grundrechten und mit weiteren verfassungsrechtlichen Anforderungen wie Bestimmtheit und Rechtssicherheit.

Rechtsstaatsprinzip

Ein Rechtsstaat ist ein Staat, wo die Ausübung staatlicher Macht umfassend rechtlich gebunden ist.

———▶ Bindung von Verwaltung und Rechtsprechung an „Gesetz und Recht".

———▶ Bindung der Gesetzgebung an die „verfassungsmäßige Ordnung".

$\sum$ Bedeutet die rechtliche Bindung der Staatsgewalt.

Materielle Rechtsstaatlichkeit wird vor allem durch die Grundrechte begründet.

Formelle Rechtsstaatlichkeit wird durch den Grundsatz der Gewaltenteilung verwirklicht.

Beachte: *Formelle und materielle Elemente greifen in unserem Rechtsstaat laut GG ineinander. D.h., Form und Inhalt sind hier eine Vereinigung der verschiedenen Elemente eingegangen. These und Antithese verschmelzen sich zu einem Ganzen (Synthese). Die materielle Rechtsstaatlichkeit wird begründet durch die Grundrechte. Damit hat der Bürger einen Bereich von individueller Freiheit, wo der Staat nicht wirksam werden kann. Es ist eine Trennung von Bürger und Staat und somit auch eine Begrenzung von staatlicher Macht.*

Demokratischer Staatsaufbau heißt:
1. Alle Gewalt geht vom Volke aus.
2. Freie Wahlen
3. Gewaltentrennung
4. Parlamentarische Regierungsweise

Gewaltenteilung

Die Gewaltenteilung ist der Grundsatz eines Rechtsstaates. Nach Art. 20 GG obliegt die Ausübung der Staatsgewalt den Organen der gesetzgebenden Gewalt, der vollziehenden Gewalt und der Rechtsprechung. Es ist das Organisationsprinzip eines freiheitlichen Rechtsstaates. Das Prinzip der Gewaltenteilung beruht auf folgenden Grundsatz. Die politische Macht muss auf mehrere Machtträger verteilt sein, d.h. eine Aufteilung der Staatsgewalt in unterschiedlichen Staatsfunktionen. Verfassungsmäßig sind daher

die gesetzgebende Gewalt (Legislative)
die vollziehende Gewalt (Exekutive) und
die rechtsprechende Gewalt (Judikative) geteilt.

Dadurch soll es eine wechselseitige Kontrolle, Hemmung, eine Mäßigung der Teilgewalten und eine Begrenzung staatlicher Macht geben. Die Teilgewalten sind allerdings nicht strikt getrennt. Es bestehen etliche Gewaltenverschränkungen in organisatorischer, personeller und funktionaler Hinsicht. Keiner der Teilgewalten darf ein Übergewicht über andere erhalten. Der Kernbereich der Teilgewalten muss unangetastet bleiben.

Legislative

Erste Gewalt = Legislative = gesetzgebende Gewalt = Parlament Parlamentarische Demokratie heißt, dass die gesetzgebende Gewalt beim Parlament liegt. Sie ist der Träger der Legislative. Die Grundlage für die Ausübung staatlicher Gewalt ist das Parlamentsgesetz. Das Parlament bestimmt die Normsetzung in Form der parlamentarischen Gesetzgebung. Das heißt ganz konkret, dass es dem parlamentarischen Gesetzgeber vollkommen frei steht, wie er seine politischen Entscheidungen in Form eines Gesetzes gießt (formeller Gesetzesbegriff).

Beachte: *Die Legislative stellt Gesetze auf, nach denen der Staat funktionieren soll und alle dem unterworfen sind (Beratung und Verabschiedung von Gesetzen) und die Exekutive kontrolliert.*
Bund: Bundestag + Bundesrat = Parlament
Land: Landesparlament

<u>Exekutive</u>
Zweite Gewalt = Exekutive = ausführende Gewalt = Regierung und Verwaltung
Der Funktionsbereich der vollziehenden Gewalt ist der Vollzug von Gesetzen, welche seine typische Aufgabe darstellt. Aber auch die Verwaltungen haben sich im Rahmen der Gesetze zu bewegen. Ihre Stellung im System der Gewaltenteilung wird bestimmt durch Vorrang und Vorbehalt des Gesetzes.
Vorrang des Gesetzes: … ist die Bindung der Verwaltung an das geltende Recht, dass heißt, sie muss sich in ihrem Handeln an die Rechtsnormen halten. Dies gilt für jegliches Verwaltungshandeln ohne Ausnahme.
Vorbehalt des Gesetzes: … ist die Erfordernis einer gesetzlichen Grundlage für das Handeln der Verwaltung. Dies gilt nicht für Maßnahmen, die keine gesetzliche Ermächtigung für ein Verwaltungshandeln darstellen. Aber für wesentliche, insbesondere Grundrechtswesentliche normative Entscheidungen, müssen sie vom Gesetzgeber selbst getroffen werden.
Beachte: *Handelt im Rahmen der Gesetze, d.h. macht Politik und führt Gesetze aus (GG Art. 20). Man darf Rechtsverordnungen erlassen (gesetzgebende Befugnis). Parlamentarische Demokratie heißt, die Regierung ist vom Vertrauen des Parlaments abhängig.*
Bund: Bundesregierung = Bundeskanzler und Bundesminister

Bundesverwaltung = BKA und Bundesamt für Verfassungsschutz
Land: Landesregierung = Ministerpräsident und Landesminister
Verwaltungen der Länder = LKA und
Landesverfassungsschutzbehörden

Abgrenzungsprobleme und Kompetenzkonflikte zwischen Legislative und Exekutive

Es ist unzulässig, wenn der Gesetzgeber Verwaltungsfunktionen an sich zieht.

Einzelfälle: Hier darf er konkret einzelfallbezogene Entscheidungen treffen, z.B. Planungsentscheidungen, die vom GG weder der Exekutive noch der Legislative zugeordnet werden können.

Judikative

Dritte Gewalt = Judikative = rechtsprechende Gewalt = Richter Die Rechtsprechung ist in ihrer Funktion und Organisation klar getrennt von den anderen Teilgewalten. Nach Art. 92 GG, ist die rechtsprechende Gewalt den Richtern anvertraut und wird durch Gerichte ausgeübt. Die Stellung eines Richters ist bestimmt durch seine sachliche und persönliche Unabhängigkeit. Der Bürger hat Rechtsschutz gegen Akte der öffentlichen Gewalt des Staates, was durch die Gerichte gewährleistet sein muss.

Beachte: *Wacht darüber, dass Gesetze eingehalten werden (GG 92). Gerichtshöfe des Bundes: BverwG, BverfG, BFH, BAG, BSG (Bundessozialgericht),*
BGH und BpatG.
Gerichtshöfe des Landes: LverfG, OVG, FinG, LSG, LAG, OLG, VG, SG, ArbG, LG und AG (Amtsgericht)

<u>Bisher erschienen</u>

Karsten Demant, Exzerpt über Cicero's drei Bücher Von den Pflichten, BoD – Books on Demand, Norderstedt 2021

Karsten Demant, Exzerpt über Schillers Antrittsvorlesung an der Universität in Jena 1789, Bod – Books on Demand, Norderstedt 2021 (E-Book)